Erörterungen

aus dem Gebiete

des Assecuranzwesens

von

Dr. Ernst Bezold

kgl. bayer. Bezirks- und Wechsel-Gerichtsrath a. D.

I. Heft

München 1873.

Rudolph Oldenbourg.

Vorwort.

Das Interesse, welches sich an das Versicherungswesen vermöge seiner nationalökonomischen Wichtigkeit knüpft, hat den Herausgeber schon während seiner richterlichen Thätigkeit zu einlässlicherer Betrachtung des einen oder anderen (sei es gelegentlich eines Civil- und insbesondere Handels- und Wechselsgerichtsprocesses, sei es im Strafverfahren) vorgekommenen praktischen Falles veranlasst. Neuerlich hat sich für mich eine grössere Musse zu wissenschaftlichen Arbeiten ergeben. Da nun, der Zeit nach hiemit zusammentreffend, das grosse auf die ganze Rechtsgestaltung in Deutschland fördernd einwirkende Ereigniss, die Neuaufrichtung des deutschen Reiches eingetreten und da bei dem Umstande, dass das ganze Gebiet des Assecuranzwesens in Deutschland ein zum grossen Theile noch unbebautes Feld ist und die deutsche Reichsgesetzgebung den Aufbau der Materie auf der im deutschen Handelsgesetzbuche und den Genossenschaftsgesetzen gelegten Basis erst noch durchzuführen hat, — so erwachte mein altes Interesse in einem so hohen Grade, dass ich dem Drange auch meinerseits wenn auch noch so geringe Schärflein zur Lösung der Fragen beizutragen nicht widerstehen konnte. Eine Ermuthigung zu dem Versuche lag in dem zufälligen Umstande, dass ein von Universitätsjahren her mir nahe verbundener Freund auf eben diesem Felde nicht nur einen reichen Schatz von praktisch-technischen Erfahrungen gesammelt sondern auch theoretisch wie praktisch bereits mehrfach bewährte Rechtsanschauungen sich gebildet hat und mir dadurch mit Rath und That eine höchst erwünschte

Ergänzung zu bieten in der Lage ist. Meine auf ihn gesetzte Hoffnung ist denn auch schon bei den jetzt vorliegenden Aufsätzen in Erfüllung gegangen und ich komme nur einer Pflicht nach, wenn ich meiner Dankbarkeit hiemit Ausdruck gebe.

Was die Art und Weise der Veröffentlichung betrifft, so soll dieselbe in zeitweise erscheinenden zwangslosen Heften geschehen und sollen die nach und nach sich ansammelnden Aufsätze allmählich das ganze Gebiet möglichst erschöpfen, so dass ich mir vorbehalte, sie seiner Zeit zu einer systematischen Schrift über das Versicherungswesen einheitlich zu verarbeiten. — Ich werde für alle Polemik dankbar und jeder Berichtigung zugänglich sein; denn ich bin weit entfernt, meine eigenen Anschauungen auf dem im Ganzen überhaupt erst zu bebauenden Felde des Assecuranzwesens schon jetzt irgendwie für abgeschlossen zu halten.

Es versteht sich von selbst, dass zunächst brennende Fragen zuerst in Angriff werden genommen werden. Dieser Umstand möge es auch rechtfertigen, dass in dem ersten Heftchen unter Ziffer I bis III lediglich Gerichtsverfassungs- beziehungsweise Processfragen besprochen worden sind.

München im April 1873.

Bezold.

I.

Ueber richterliche Unbefangenheit im Allgemeinen,

insbesondere auf dem Gebiete des Assecuranzwesens.

Verfasser war eine lange Reihe von Jahren hindurch mit aller Freude am erwählten Lebensberufe selbst Richter und beklagt es durch Gesundheitsverhältnissse wenigstens zur Zeit noch abgehalten zu sein, diesem Berufe ferner leben zu können. Nichts desto weniger habe ich mir über die ich möchte sagen psychische Eigenthümlichkeit des Richterstandes allmählig meine ganz besonderen, von einem grossen Kreise von Amtsgenossen, darunter lieber und hochverehrter Freunde, durchaus abweichenden Anschauungen gebildet, welche ich mit aller Offenheit und Aufrichtigkeit im Nachstehenden ungescheut niederlegen werde. Vorauszuschicken habe ich, dass ich hiebei sine ira et studio gegen irgend welche einzelnen Personen verfahre, und es wird diese Versicherung um so glaubwürdiger sein, als ich hiemit ausdrücklich bekenne, dass ich — die Erfahrungen zum Theil an mir selbst gemacht habe.

Vor allem habe ich mich mit dem geehrten Leser über die Begriffe „rechtsgelehrte Richter", „Berufsrichter", „Richter" (im engeren Sinn) zu verständigen. Ich gebrauche diese und ähnlich lautende Bezeichnungen sämmtlich als wesentlich identisch, wenn auch nicht entfernt geleugnet werden will, dass auch unter den zur Rechtsprechung beigezogenen Laien-Elementen zufällig sehr wohl der Eine und Andere nicht nur ebenfalls rechtskundig sondern dies sogar in einem für Berufsrichter beneidenswerthen Grade sein kann. Es kömmt das allbekanntlich zeitweise schon heutzutage bei Geschwornen und den technischen Beisitzern der Handelsgerichte ebenso vor, wie es in Zukunft etwa auch bei den Schöffen vorkommen wird. Allein die Wesenheit berührt dieser hie und da vorkommende Fall nicht und desshalb haben wir auch die obige Bezeichnung nicht geändert.

Es ist nach der in uns selbst festgestellten Ueberzeugung durchaus irrig, dem Richter im Allgemeinen und in jeder Beziehung Parteilosigkeit beizumessen, ja wir glauben sogar, dass es menschlich ein Zuviel ist, ein solches ganz allgemeines Verlangen von vorneherein an ihn zu stellen. Man hat ja auch in der Neuzeit auf politischem Gebiete wenigstens allüberall die Einsicht gewonnen, dass der Richter, auch der tüchtigste, berufstreueste und zugleich charakterfesteste, sich als Urtheilsfinder nicht mit Einem Male ausserhalb des von ihm als Bürger eingenommenen Standpunktes stellen kann. Gelingt es auch, auf dem Gebiete des Strafverfahrens den sonstigen Parteistandpunkt nicht zum Schaden des einen oder anderen Angeschuldigten geltend zu machen, so stösst man umgekehrt häufig auf eine — ebenfalls durchaus menschliche — Erwägung als gewissermassen ausschlaggebend, indem der eine und andere Richter sich hiebei ich möchte sagen vor sich selbst fürchtet und sich es desshalb zum Gesetze macht, eher zum Vortheile des den entgegengesetzten Parteistandpunkt einnehmenden Angeschuldigten sein Votum abzugeben. Gleichviel aber, ob bei diesem Conflicte — wie es das gewöhnlich Menschliche ist — der Parteistandpunkt zum Nachtheile oder ob er selbst zum Vortheile des Angeschuldigten ausschlägt — immerhin leidet die objective Gerechtigkeit darunter. Diesen Mangel freilich theilt der Richter bis zu einem gewissen Grade mit jedem anderen Urtheilsfinder. Der Geschworene ist von ihm so wenig frei als der Richter. Allein bei dem Richter wird ein bei ihm allein obwaltender sehr wesentlicher Umstand noch weiter von Einfluss. Es wird nemlich sein Parteistandpunkt dadurch noch ein ganz besonders befestigter und — wieder menschlich! — durchschlagender, dass ihm ein bestimmter, zunächst die Staatsordnung als solche vertretender Standpunkt durch den Lebensberuf angewiesen ist. Insofern man immerhin eine Differenz des Standpunktes des Staates im Ganzen und des einzelnen Staatsbürgers in einer gewissen Richtung wohl annehmen und insbesondere im Strafverfahren, wie dies in England durchgängig durch das ganze Verfahren hindurch und nach den leitenden Principien nun auch im deutschen Strafprocessentwurfe anerkannt ist, den Vertreter des Staats, unsern Staatsanwalt einerseits und den einzelnen in Differenzen zum Gesetze wirklich oder scheinbar gerathenen Staatsbürger, den Angeschuldigten andrerseits als zwei sich feindlich gegenüberstehende Parteien betrachten kann, so ist es keine Frage, dass im Allgemeinen der vom Staate als ständiger Richter Angestellte, der Staatsdiener, im ganzen Gebiete der Rechtsprechung in dieser angedeuteten Parteigegenüberstellung sich berufs- und standesgemäss mehr auf die Seite des Vertreters des Staats neigt*). Wir machen damit der Person der einzelnen Richter auch nicht den leisesten Vorwurf, wir ziehen nur Schlüsse welche sich von selbst aus den Prämissen der factisch-menschlichen Zustände ergeben. Uebrigens ist ja wie schon gesagt all das auch auf gewissen Gebieten, wo die Parteistellung am meisten in den Vordergrund tritt, in der ganzen gebildeten Welt unserer Zeit mehr oder weniger unbedingt aner-

*) Wir machen als schlagendsten Beleg zu unserer Behauptung auf die Thatsache aufmerksam, dass gerade desshalb in einzelnen republikanischen Staatswesen, z. B. in der Schweiz, in Nordamerika, von jeder staatlichen Anstellung von Richtern verfassungsmässig abgesehen und statt derselben eine Wahl auf eine beschränkte Zahl Jahre durch die Mitbürger statuirt ist, — ein Ausweg übrigens, welchen wir in keiner Weise für je nachahmungswerth erklärt haben möchten.

kannt. Wo findet nicht der Satz und die Forderung, wenn nicht unbedingte Anerkennung, so doch eine in ihrem inneren Werthe nicht zu unterschätzende Vertretung, dass bei allen politischen, die Staatsordnung im engeren Sinne berührenden Verbrechen und Vergehen (letzteres ist in Bayern bisher noch ein Wunsch geblieben!) nicht Berufs-Richter sondern einfache Mitbürger als Geschworne die entscheidende Thatfrage allein zu beantworten haben!

Es ist jetzt soeben durch den preussischen Strafprocessentwurf die Frage des Geschwornen-Instituts nach dessen 25jährigem segensreichen Bestehen in Bayern wieder eine Frage geworden, allein wir sind unsererseits überzeugt, dass dieses, durch eben diesen Entwurf unbegreiflicher Weise wieder in Frage gestellte, Institut schliesslich aus dem bereits entbrannten heftigen Kampfe siegreich hervorgehen wird. Der Hauptvorzug der Jury und der vollen Trennung der Thatfrage von der Rechtsfrage wurzelt gerade in den voraufgeführten psychologischen Momenten und weil bei politischen Reaten nur von Geschwornen Unbefangenheit und eben desshalb nur von ihnen die menschenmöglich vollste Unparteilichkeit zu erwarten ist, kann das Schwurgericht nach der in Süddeutschland überwiegenden und von uns vollständig getheilten Ansicht durchaus nicht entbehrt werden, und um das Institut lebensfähig zu erhalten, muss ihm nicht etwa blos das angedeutete Gebiet mit dem gleich gelagerten Gebiete sämmtlicher Pressreate übertragen werden, sondern es muss ihm im Allgemeinen ein auf die strafrechtliche Justiz massgebender Wirkungskreis eingeräumt werden. Mit anderen Worten: Es muss den Geschwornen die Entscheidung der Thatfrage auch bei allen übrigen Verbrechen, wenn nicht auch Vergehen, übertragen werden. — Wir wollen hiebei nicht verkennen, dass auch das Institut der Schöffen, abgesehen von seinem Vergleiche mit der Jury, immerhin seinen Werth habe. Das Beiziehen des Laienelementes zur Rechtsprechung in irgend welcher Form entspricht einem unleugbar richtigen allgemeinen Gedanken. Der Berufsrichter, auferzogen in der Schule der Abstraction, bedarf der Unterstützung durch Mitbürger, welche mitten in dem Verkehre leben und in demselben mannigfach selbst thätig sind. Ihre praktisch erworbenen Anschauungen, ihre Kenntniss der Anforderungen und Bedürfnisse des Verkehrs bilden für die theoretische Bildung des Berufsrichters eine erwünschte, wo nicht nothwendige Ergänzung. Allein bisher hat die Justizpolitik — ausser der Form der Jury und der damit gleichbedeutenden Trennung der That- von der Rechtsfrage — noch keine zweite Organisation aufzustellen vermocht, welche dem Volke und in Vertretung desselben dem Laienelemente bei der im Ganzen immer auf das Volk als letzte Quelle zurückzuführenden und ebenso auf das Volk als letztes Ziel gerichteten Rechtsprechung den ihm gebührenden Einfluss nicht nur theoretisch eingeräumt sondern auch in der That gesichert hätte. Stehen Laien als gleichberechtigte Richter neben den Berufsrichtern, sind sie mit denselben in ein Collegium vereinigt, so ist der Einfluss des rechtsgelehrten Richters vermöge der ihm zur Seite stehenden Uebung in Logik und Discussion ein so überwiegender, dass dagegen selbst die Vergrösserung der Zahl der Laien kein ausreichendes Gegengewicht bildet. Selbst wenn die Zahl der Schöffen die Zahl der rechtsgelehrten Richter überwiegt, ja selbst wenn die doppelte Zahl von Schöffen statuirt würde*), würde der Einfluss des rechtsgelehrten Richters nach unserer Erfahrung und Ueberzeugung ein überwiegender bleiben. Ganz anders, wenn das Laienelement in einem gesonderten Körper den rechtsgelehrten Richtern gegenübergestellt und jedem der beiden einander gegenübergestellten Organe Selbständigkeit und gesonderter Wirkungskreis eingeräumt wird. Gerade durch den hiedurch geschaffenen Antagonismus, durch die gegenseitige Eifersucht auf sein Recht wird nach den bisher festgestellten Erfahrungen allein mit Sicherheit der angestrebte Zweck erreicht. Wir werden seiner Zeit auf die Frage zurückkommen: ob nicht das Institut des Geschwornengerichts, wie es sich in England (nicht Frankreich!) ausgebildet hat, auch in Deutschland zu einem ganz allgemeinen Institut umgebildet werden solle, ob es nicht zur Erreichung der menschenmöglich vollsten Gerechtigkeit nothwendig sei, nicht etwa blos das Institut auch auf die kleineren und kleinsten Straffälle überhaupt (gemeine Vergehen und Polizeiübertretungen), sondern auch auf das ganze Gebiet der bürgerlichen Rechtsprechung, auf alle Civilprocesse auszudehnen sei. Es wird hiebei dann seiner Zeit auch die Frage von Special-Jury's in Erwägung zu ziehen und die überaus schwierige Frage auf's Einlässlichste zu erörtern sein: in welcher Weise für gewisse specielle Zweige des Handelsrechts, wie Buchhandel, Schriftstellerwesen, Assecuranzwesen eine Specialjury im Einzelnen zu organisiren sei; — eine Frage, deren Lösung vielleicht schon vorher durch die von den betreffenden Interessenten selbst, unter sich und freiwillig, anzustrebende Organisation von Schiedsgerichten, sei es nur zur Rechtsprechung, sei es, wie bei dem Assecuranzwesen, auch für die administrative Ordnung und staatliche Ueberwachung des Geschäftsbetriebes, angebahnt werden wird. Wir unsererseits sind überzeugt, dass hiezu das dringendste Bedürfniss schon in der nächsten Zeit treiben wird. — Wir bescheiden uns übrigens: die Frage der Jury für Civilsachen ist noch lange verfrüht; ist es ja doch heute noch nicht entschieden, ob der Jury in dem deutschen Strafprocess eine Stelle überhaupt, geschweige eine hoffnungversprechende, wenn auch vorläufig noch bescheidene Stelle zugestanden werden wird.

Kehren wir nach dieser Abschweifung zu den Berufsrichtern des Staates zurück und gehen wir noch einen Schritt weiter, so behaupten wir, ein gewisser Parteistandpunkt sei auch selbst auf dem Gebiete des bürgerlichen Rechts nicht ganz und gar ausgeschlossen. In erster Linie stehen hier die s. g. fiscalischen Processe. Ist es nothwendig, hiebei auf die grossen Fragen der Entschädigungspflicht des Staates für die bei dem Eisenbahnbetrieb

*) Prinzipiell soll diess in dem deutschen Gerichtsverfassungsentwurfe proponirt werden.

unter seiner Verwaltung vorgekommenen Beschädigungen, sei es an Gütern während des Transportes, sei es an Gebäuden und Früchten bei Brandverursachung durch Funken der Locomotive u. dgl. ausdrücklich hinzuweisen, oder die Erfahrungen anzurufen, welche bei der Processführung nach der früheren Gesetzgebung gegenüber den Regierungsfiscalen gemacht worden sind und theilweise sogar zu besonderen Novellen geführt haben? Dass der Fiscal hiebei überhaupt den Parteistandpunkt des Staates (im engeren Sinn), das heisst des Fiscus vertritt, liegt ja in der Natur der Sache. Liegt aber nicht auch hier eine Befangenheit des Richters nahe, wenn sie auch in viel geringerem Grade zu denken ist, als im Strafprocesse gegenüber den politischen Reaten? Es kommen jedoch auf dem Gebiete des Civilprocesses noch andere Richtungen ähnlicher Art zur Geltung, wir erinnern hiebei beispielsweise nur an diejenigen Fragen des Familien- und Erbrechts, in welche kirchliches Recht und die eine und andere grosse kirchliche Frage hereinspielt. Bei dem Berufsrichter haben sich ganz ohne Zweifel und auch wieder mit Naturnothwendigkeit während seines s. g. Brodstudiums gewisse wissenschaftlich-kirchenpolitische Anschauungen fest gebildet, gegenüber welchen der einzelne concrete, der Entscheidung harrende Rechtsfall mit seinem ganzen factischen Gewande mehr zurücktritt, (während bei dem Geschwornen gerade das Factum des Rechtsfalls in den Vordergrund tritt). Allein selbst wo eine ausgeprägte politische oder kirchliche Parteistellung in keiner Weise in Frage kommen kann, kann wenigstens bei den Berufsrichtern in Folge ihrer ausschliessend juristisch-technischen Vor- und Ausbildung eine andere Art Parteistandpunkt geschaffen sein, welcher der objectiven Gerechtigkeit Eintrag zu thun geeignet ist. Wir müssen hiebei die grosse (viel weiter als man gewöhnlich annimmt, greifende) Differenz, ja man kann sogar Parteiung in unserem Juristenstande betonen. Es ist allbekannt, dass ein Theil unserer deutschen Juristen — und er bildet weitaus die Mehrheit — mit einer gewissen Ausschliesslichkeit für den fremden Theil in unserem Deutschen Gemeinen Rechte voreingenommen ist. Es würde uns hier viel zu weit führen zu entwickeln, wie es gekommen, dass das römische Recht einen so enormen Einfluss auf die deutsche Rechtsgestaltung in der Gesetzgebung und besonders in der Rechtsprechung gewonnen hat. Jener grossen Mehrheit gegenüber war, ja ist noch heutzutage das Häuflein Derer ein verhältnissmässig äusserst kleines, welches dem einheimisch germanischen Rechte im Zweifel einen Vorzug einräumt und sich zu einer Auffassung des Deutschen Gemeinen Rechtes bekennt, wie solche im Allgemeinen in dem trefflichen „deutschen Privatrechte" von Bluntschli enthalten ist. Dass dieser Parteiunterschied vozugsweise oder doch ebenfalls auf den handelsrechtlichen Gebieten wichtig ist und wichtig geblieben ist trotz des neuen deutschen Handelsgesetzbuches sowie der deutschen und beziehungsweise bayerischen Genossenschaftsgesetze, bedarf keiner näheren Ausführung. Selbst die Schule übrigens, zu welcher sich der Berufsrichter gegenüber dem römischen Rechte selbst wieder bekennt, ob er insbesondere der historischen Schule, wie sie seit Savigny in gesunder Weise sich zu bilden begonnen hat, angehört, — selbst dies wirkt auf den Parteistandpunkt ein. Hiebei erweist sich als besonders störend, dass gewisse Institute so durchaus neu sind, dass selbst die Fundamentalsätze erst gesucht, oder, wenn auch von Anfang der Bildung des Instituts an von selbst feststehend, gegen sich später einschleichende aprioristisch wissenschaftliche Voreingenommenheiten, welche in jenem fremden Rechte irgendwie wurzeln, aufrecht erhalten und vertheidigt werden müssen. Es ist das nun aber in merkwürdig schroffer Weise gerade bei dem Assecuranzgeschäfte der Fall. Was hilft aller feststehende Usus, was hilft die vollste Uebereinstimmung der geschriebenen Verträge, der „leges des einzelnen Falles" in den Policen sämmtlicher Assecuranzgeschäfte, wenn dem entgegen gerade der Cardinalsatz (und leider in geistreichster Weise und unter Beibringung einer Legion von Citaten und grundgelehrten Gründen) umgestossen und mit römischgelehrter Technik der gerade entgegengesetzte Satz substituirt wird, — ein Satz, der dem ganzen Assecuranzwesen (welches nach modernen und nationalökonomisch bestbegründeter Anschauung doch auch wieder für das Blühen aller Industrie und Landwirthschaft, wie von Tag zu Tag allgemeiner anerkannt wird, so ganz unentbehrlich sein soll) den Todesstoss versetzen würde! Ob hiebei nicht auch ein gewisses, beinahe an das allmähliche Vor- und Eindringen socialistischer Anschauungen gemahnendes, mit den s. g. Katheder Socialisten getheiltes, Odium gegen die Geldinstitute als Hauptvertreter des grossen Capitals mit unterlaufen könnte, — Alles natürlich unbewusst oder jedenfalls unbeabsichtigt! — das wollen wir zur Zeit auch nicht einmal leise angeregt haben.

Da es uns, wie oben gesagt, selbst noch nicht einfällt, die Civiljury nach englischem Muster schon heute als wesentliches Institut für den Civilprocess gegenüber den hierüber noch ganz schweigenden preussischen Entwürfen für den Reichstag zu empfehlen, da es sich also auch für uns nicht darum handeln kann, schon jetzt die Jury als die einzige entsprechende Vertreterin der objectiven, von juristischen Parteirücksichten und spitzfindigen s. g. principiellen Erwägungen und Principreitereien freien Volks- oder (in der Specialjury) Standesanschauung in Vorschlag zu bringen, so bleibt uns nur übrig, aus der vorstehenden Betrachtung den einen praktischen Schluss zu ziehen, dass, wo heute auch nur irgendwie das Laienelement bereits zur Rechtsprechung im Civilverfahren beigezogen ist, die beigezogenen Laien im Allgemeinen und die s. g. technischen Beisitzer des Handelsgerichts insbesondere es als ihre Aufgabe betrachten müssen, mit aller Sorgsamkeit wenigstens ihrerseits für Unabhängigkeit der bei der Urtheilsfällung Ausschlag gebenden Erwägung von vorgefassten Meinungen aller Art, so weit es ihnen möglich ist, Sorge zu tragen und mit aller Energie und Standhaftigkeit für Aufrechthaltung einer objectiven Gesetzesauslegung und einer den Bedürfnissen des Verkehrs und der allgemeinen wirthschaftlichen Staatswohlfahrt entsprechenden volksthümlichen Rechtsanwendung einzutreten. Nur auf solche Weise kann der durch unabänderliche Umstände nun einmal thatsächlich gegebenen Befangenheit des Richterstandes entgegengearbeitet werden!

II.

Die bestehende Organisation der Handelsgerichte in Deutschland,
insbesondere in Bayern.

Die Frage, ob überhaupt besondere Handelsgerichte zu errichten seien, nehmen wir als eine heutzutage vollständig entschiedene an.*)

Was Bayern betrifft, so reichen besondere Gerichte für Wechsel- und beziehungsweise auch für Handelssachen in eine ältere Zeit zurück. Es wäre hiebei sogar auf die Geschichte der altdeutschen Schöffen zurückzugreifen, um nachzuweisen, wie die Schöffen ursprünglich keineswegs etwa die Gehilfen des Richters in der Rechtsfindung, sondern die einzigen eigentlichen Richter waren und dass sie hiebei allein das Volk als den alleinigen Inhaber der richterlichen Gewalt repräsentirten, während der Richter als Organ der Staatsgewalt lediglich die formelle Geschäftsleitung zu besorgen hatte**); es wäre nachzuweisen, wie hieraut das Institut, ohne je zu einer vollen Durchbildung gekommen zu sein, allmählich in Verfall gerieth und am Ende nach dem Eindringen des römischen und canonischen Rechts in Deutschland ruhmlos und unbetrauert wieder ganz zu Grabe ging. Gerade bei den Handels- und Wechselgerichten aber sollte das alte Institut der Schöffen in dem Institute der Gerichtsbeisitzer aus dem Handelsstande wieder aufleben, während in dem ganzen übrigen Gebiete des Civilverfahrens (abgesehen von den Berggerichten oder dergl.) nicht nur, sondern auch im bayerischen Strafverfahren das Schöffeninstitut in keiner Weise in's Leben zurückgerufen wurde. In der Pfalz war unter französischer Herrschaft mit dem französischen Verfahren das Schwurgerichtsinstitut eingeführt worden und dieses segensreiche, aus dem germanischen Norden stammende und in England zur Vollendung ausgebildete Institut ist im Jahre 1848 und zwar in einer mustergiltigen Weise auch auf das rechtsrheinische Bayern ausgedehnt worden. Allein es ist (was streng festzuhalten ist und gar nicht genug im Auge behalten werden kann) die Jury von den Schöffen durchaus verschieden und es ist der geschichtlichen Entwicklung zufolge in den Geschwornen auch nicht einmal ein Anklang an die Schöffen zu erblicken. Ein Anderes ist es, wie gesagt, mit den — übrigens auch in Frankreich eingeführten — Handelsgerichtsbeisitzern aus dem Handelsstande, in welchen mit Fug und Recht Schöffen im früheren Sinne erblickt werden können.

---

*) Noch in neuester Zeit hat sich Leue in den Ideen zu einer Gerichts- und Processordnung für Deutschland (Leipzig 1861) sehr energisch gegen besondere Handelsgerichte erklärt und hiebei insbesondere auf das Beispiel von England und der alten Niederlande hingewiesen. Vgl. über diese Frage den Vortrag Dr. Lauk's über den bayerischen Ges.-Entw. die Einführung des Allg. D. Handelsges.-B. betr., welcher am 19 August 1861 erstattet ward.

**) Eichhorn, D. St. u. R. G. Bd. I §. 165, Bd II § 381.

Es genügt für den uns vorgesetzten praktischen Zweck, wenn wir nunmehr speciell die neuere Entwicklung der Handelsgerichte in Bayern in's Auge fassen. Noch bis in die neueste Zeit und zwar bis zur Durchführung des Allgemeinen Deutschen Handelsgesetzbuches im Jahre 1861 hatte sich ein sehr bunter und mannigfaltiger Zustand erhalten. Für einzelne Theile des Königreiches bestanden nemlich keine besonderen Gerichte für Wechsel- und Handelssachen, für andere nur Wechsel-Gerichte, wieder für andere auch Mercantilgerichte, und diese verschieden neben einander bestehenden Gerichte waren wieder unter sich verschieden organisirt. Selbst einzelne Städte, wie Augsburg und Nürnberg, hatten ihre besonders organisirten, mit verschiedenen Competenzen ausgestatteten Gerichte.*) Die Gerichtsorganisationsgesetze von 1848 und 1850**) erachteten endlich diesen Zustand für einen unhaltbaren, obwohl man auch jetzt noch von der Ansicht ausging, es seien die Handelsgerichte nicht auf das ganze Gebiet des Königreiches auszudehnen, sondern nur für solche Orte zu errichten, an welchen ein besonderes Bedürfniss für ein Handelsgericht bestünde.***)

Zur Durchführung kamen die neuen Grundsätze jedoch erst, als mittlerweile das Allgemeine Deutsche Handelsgesetzbuch zu Stande gekommen war und es sich im Jahre 1861 um dessen Einführung handelte. Das Einführungsgesetz vom 10. November 1861 machte hiebei noch einen weiteren Schritt und statuirte Handelsgerichte für das ganze Gebiet des Königreiches, so dass für jeden Ort, auch den kleinsten, gleichviel ob anzunehmen ist, dass in demselben besondere Handelsinteressen obwalten können oder nicht, ein Handelsgericht competent wurde, und dass von jetzt an also alle Handelssachen in allen Orten vor Handelsgerichten entschieden werden mussten. (A. 73 des Gerichtsverfassungsgesetzes; A. 56 des Einführungs-Ges. z. A. D. H. G. B.)

So das Princip. (Durchgeführt bis in's Einzelnste freilich ist dasselbe keineswegs worden, indem Klagen aus Handelssachen gegen Nichtkaufleute und unbedeutende [nur bis 150 fl. betragende] Handelssachen unter Umständen an die gewöhnlichen Gerichte gewiesen bleiben. (A. 64 des Einf. Ges.) In ähnlicher Weise und beziehungsweise in der gleichen Einschränkung ist das Princip auch durchgeführt in der jetzt geltenden bayerischen Civilprocessordnung von 1869****).

Was nun die Organisation des Handelsgerichts betrifft, so haben wir zunächst, da eine dritte Instanz erst seit 1869 besteht, nur die

*) Seuffert Commentar, II. Aufl., Bd. 1, S. 145.

**) Ges. v. 4. Juni 1848 A. 9 Ges. Bl. S. 37; Ges. v. 25. Juli 1850 A. 9 Ges. Bl. S. 426.

***) Die gleiche Bestimmung findet sich auch im französischen Handelsgesetzbuch A. 615.

****) Auch in der neuen Deutschen Gesetzgebung scheint das Princip nur in der gleichen Beschränkung durchgeführt werden zu sollen.

Handels- und Wechselgerichte erster Instanz und die Handels- und Wechselappellationsgerichte in Erörterung zu ziehen. In beiden Instanzen ist die Beiziehung der technischen Beisitzer schon durch die frühere Gesetzgebung angeordnet gewesen. So hat z. B. eine Verordnung vom 30. Mai 1811 angeordnet, dass in dem Wechsel- und Mercantilgericht I. Instanz zu München neben einem Vorstande und zwei rechtsgelehrten Räthen sieben Assessoren des Handelsstandes sitzen sollen; das Wechselgericht I. Instanz in Augsburg (ein Mercantilgericht bestand hier überhaupt nicht) bestand der Verordnung vom 26. Januar 1807 zufolge ausser dem einen eigentlichen „Wechselrichter" noch aus zwei Assessoren aus dem Handelsstande. Das Handelsgericht I. Instanz zu Nürnberg*) bestand der Verordnung vom 18. Mai 1809 gemäss aus einem „Handelsrichter", einem rechtskundigen Beisitzer und zwei Assessoren des Handelsstandes. Alle übrigen Wechsel- beziehungsweise Wechsel- und Mercantilgerichte I. Instanz, wo sie im diesseitigen Bayern überhaupt eingeführt waren, sollten nach den Organisationsverordnungen vom Jahre 1825 aus einem Vorstande und zwei Räthen, alle drei zu entnehmen aus dem Richterpersonale der damaligen Kreis- und Stadtgerichte, sowie aus vier Assessoren vom Handelsstande bestehen.

Was die zweite Instanz betrifft, so waren das Wechselappellationsgericht zu Augsburg und das Handelsappellationsgericht zu Nürnberg aus drei Räthen, alle drei aus der Mitte der Kreis- und Stadtgerichte entnommen, und aus drei Assessoren vom Handelsstande, alle übrigen Wechsel- und beziehungsweise Wechsel- und Mercantilappellationsgerichte im diesseitigen Bayern hingegen aus einem Vorstande und sechs Räthen, alle sieben entnommen aus der Mitte der Appellationsgerichte, und aus vier Assessoren vom Handelsstande gebildet.

Auf Grund des Gerichtsorganisationsgesetzes vom 1. Juli 1856 wurden durch königliche Verordnung vom 12. August 1857 die nöthigen Aenderungen, insbesondere die Vertheilung der bisherigen Sprengel unter die beziehungsweise neu errichteten Gerichte vorgenommen. Zugleich wurde statt des Namens „Wechsel- und Mercantilgericht" der Name „Handelsgericht" eingeführt, wie an die Stelle der Kreis- und Stadtgerichte die „Bezirksgerichte" getreten waren. Statt des bei dem k. Appellationsgerichte von Oberbayern zu Freising bestandenen Wechsel- und Mercantilgerichts II. Instanz wurde bei dem Bezirksgerichte München links der Isar (ausser dem Handelsgerichte I. Instanz) zugleich auch das Handelsappellationsgericht für die drei altbayerischen Kreise gebildet. An den Principien wurde jedoch eine Aenderung nicht getroffen und es verblieb insbesondere bei der Theilnahme des Han-

---

*) Das ausserdem bestehende, ganz eigenthümliche Mercantil-, Friedens- und Schiedesgericht Nürnberg, welches bis heute von der Gesetzgebung immer aus Rücksicht auf die besonderen Verhältnisse ausdrücklich intact erhalten worden ist, lassen wir hier vollständig bei Seite.

delsstandes an der Rechtsprechung und zwar in den bisher bestandenen verschiedenen Verhältnisszahlen.

Erst die Einführung des allgemeinen deutschen Handelsgesetzbuches brachte für das diesseitige Bayern die Einheit auch auf dem Gebiete der Organisation der Gerichte. Wie für alle Orte des diesseitigen Bayerns, wie schon erwähnt, Handelsgerichte, welche die früheren Wechsel- als die Handelsgerichte im engeren Sinn zugleich begriffen, aufgestellt wurden, so traf das zum allg. deutsch. Handelsgesetzbuch erlassene bayerische Einführungsgesetz vom 10. November 1861 folgende für das ganze linksrheinische Bayern geltende Bestimmungen:

„Art. 57. Die Handelsgerichte werden mindestens mit drei „rechtsgelehrten Richtern, einschliesslich des Vorstandes des „Gerichtes und mit zwei Beisitzern aus dem Kaufmannsstande „besetzt."

„Die Beschlüsse der Handelsgerichte werden, soweit dieses Gesetz „nicht für gewisse Gegenstände etwas Anderes bestimmt, in Senaten erlassen, welche mit drei rechtsgelehrten Richtern und mit zwei „Beisitzern aus dem Kaufmannsstande besetzt sind."

„Den letztern steht gleiches Stimmrecht, wie den rechtskundigen Richtern „zu. Den Vorsitz in den Sitzungen führt der Vorstand des Gerichtes und „bei dessen Verhinderung der älteste rechtskundige Richter."

„Für Verhinderungsfälle der ordentlichen Gerichtsmitglieder werden Ergänzungsrichter ernannt."

„Art. 58. Berufungen und Beschwerden gegen Erkenntnisse und sonstige „Beschlüsse der Handelsgerichte werden von den denselben vorgesetzten „Handelsappellationsgerichten in zweiter und letzter Instanz „entschieden."

„Die Handelsappellationsgerichte werden je nach Bedürfniss für Einen „Regierungsbezirk oder für mehrere Regierungsbezirke zugleich bestellt."

„Sie werden aus mindestens vier rechtsgelehrten Richtern, einschliesslich des Vorstandes des Gerichtes, und aus drei Beisitzern „aus dem Kaufmannsstande zusammengesetzt."

„Die Beschlüsse der Handelsappellationsgerichte werden in Senaten „erlassen, welche mit vier rechtsgelehrten Richtern und mit drei „Beisitzern aus dem Kaufmannsstande besetzt sind. Die Bestimmungen „in Abs. 3, 4 und 5 des Art. 57 finden auch auf die Handelsappellationsgerichte Anwendung."

„Art. 59. Soferne es die Geschäftsverhältnisse der Handelsgerichte oder „der Handelsappellationsgerichte und die sonstigen Umstände gestatten, können „sämmtliche oder einzelne Stellen der rechtsgelehrten Richter Mitgliedern des „Bezirksgerichtes oder des Appellationsgerichtes, an dessen Sitz das Handelsgericht oder das Handelsappellationsgericht sich befindet, übertragen werden."

„Soweit in dem gegenwärtigen Gesetze nicht etwas Anderes verordnet „ist, finden auf die Handelsgerichte die gesetzlichen Bestimmungen über die

„Organisation und den Geschäftsgang der Bezirksgerichte und auf die Han- „delsappellationsgerichte jene für die Appellationsgerichte gleichmässig An- „wendung.“

„Art. 60. Die Beisitzer aus dem Kaufmannsstande werden auf „den Vorschlag der in dem Gerichtssprengel ansässigen Kaufleute aus einer „doppelten Kandidatenliste durch den König ernannt.“

„Nähere Bestimmungen über die Vornahme der Wahl werden im Verordnungswege getroffen.“

In dem Regierungsblatte vom 3. Mai 1862 wurde im Verfolge dieser Gesetzesbestimmungen die königliche, aus Nizza 19. April 1862 datirte, Vollzugsverordnung publicirt in Betreff der Organisation der Handelsgerichte in den Landestheilen diesseits des Rheins. *) Im I. Abschnitte wurde die Appellations- (II.) Instanz organisirt und verordnet:

§. 1. Für die Landestheile diesseits des Rheins wird ein Handelsappellationsgericht mit dem Sitze in Nürnberg errichtet.

§. 2. Dasselbe wird mit einem Präsidenten und der erforderlichen Zahl von Räthen als rechtskundigen Richtern, dann mit einer entsprechenden Anzahl von Beisitzern aus dem Kaufmannsstande besetzt. Die Beisitzer aus dem Kaufmannsstande führen den Titel: „Handelsappellationsgerichtsassessoren.“

Ueber diese Beisitzer bestimmt sodann insbesondere

§. 5. Die Beisitzer aus dem Kaufmannsstande üben ihr Amt als ein blosses Ehrenamt ohne irgend einen Anspruch auf Gehalt, Ruhegehalt oder Pension für ihre Hinterlassenen aus. — Sie leisten gleich den rechtskundigen Mitgliedern des Handelsappellationsgerichts bei ihrem Amtsantritt den Richtereid.

Im II. Abschnitte wird sodann die Errichtung der Handelsgerichte erter Instanz vollzogen. Errichtet wurden (§ 11) folgende:

A. Oberbayern: München l./I., München r./I.;

B. Niederbayern: Landshut, Passau;

C. Oberpfalz und Regensburg: Amberg, Regensburg;

D. Oberfranken: Bamberg, Baireuth, Hof;

E. Mittelfranken: Ansbach, Fürth, Nürnberg;

F. Unterfranken und Aschaffenburg: Aschaffenburg, Schweinfurt, Würzburg;

G. Schwaben und Neuburg: Augsburg, Kempten, Memmingen.

§. 13. „Jedes Handelsgericht“ (i. e. Handelsgericht I. Instanz) wird mit einem Vorstande und zwei Räthen als rechtskundigen Richtern aus der Mitte des Bezirksgerichts, bei welchem dasselbe gebildet ist, dann mit der erforderlichen Zahl von Beisitzern und Ergänzungsrichtern aus dem Kaufmannsstande besetzt.

(Absatz 3) „Die Beisitzer aus dem Kaufmannstande führen den Titel Handelsgerichtsassessoren.“

---

*) Regg. Bl. S. 570.

§. 15. „Die Ergänzungsrichter können jederzeit den Sitzungen „des Handelsgerichts anwohnen und an den Berathungen desselben Antheil „nehmen. An der Abstimmung können sich die Ergänzungsrichter jedoch „nur in dem Falle betheiligen und die weiteren Amtsbefugnisse der kaufmän- „nischen Beisitzer können dieselben nur dann ausüben, wenn sie von dem „Vorstande des Gerichtes im Verhinderungsfalle der ordentlichen Beisitzer „aus dem Kaufmannsstande zur Dienstleistung berufen werden."

Durch die neue grosse bayerische Civilprocessgesetzgebung (Processordnung in bürgerlichen Rechtsstreitigkeiten für das Königreich Bayern — 1344 Gesetzesartikel —; Gesetz vom 29. April 1869, die Einführung einer Processordnung in bürgerlichen Rechtsstreitigkeiten für das Königreich Bayern betreffend — 146 Gesetzesartikel —) wurde der ganze bisherige bürgerliche Process aufs wesentlichste umgestaltet und das Versprechen des Grundlagengesetzes vom Jahre 1848 dadurch seiner endlichen Erfüllung zugeführt, dass die auf dem Gebiete des Strafrechts bereits seit dem Jahre 1849 durch die ebenso rasche als segensreiche That des unvergesslichen Ministeriums Heintz erprobten Principien der Mündlichkeit und Oeffentlichkeit der Verhandlung auch auf dem Gebiete des bürgerlichen Rechtes verwirklicht wurden. Wie dort hatte auch hier eben jenem Grundlagengesetze von 1848 gemäss die in der Pfalz seit der französischen Herrschaft in Geltung gebliebene Napoleon'sche Gesetzgebung zum Vorbilde zu dienen. Unter unsäglichen Mühen, Schwierigkeiten und Verzögerungen aller Art war nach vollen acht Jahren seit der ersten Einbringung des Entwurfs im Landtage in der Sitzung der Kammer der Abgeordneten vom 31. Oktober 1861 der Gesetzentwurf in mehrfacher Umgestaltung endlich zum Gesetze erhoben worden und man kann getrost behaupten, im Ganzen und Grossen hat sich die neue Gesetzgebung seit ihrem mitten im grossen nationalen Kriege (1. Juli 1870) erfolgten Inslebentreten auf's beste bewährt und wir können vom bayerischen Standpunkte aus nur wünschen, dass es seiner Zeit dem deutschen Reichstage gelingen möge, dieselbe noch mehr, als es seitens der deutschen bundesräthlichen Commission bereits im Entwurfe (s. darüber Abschnitt III) geschehen, in's Auge zu fassen und die bewährtesten Bestimmungen in die künftige Deutsche Civilprocessordnung hinüberzunehmen!

Wir haben hier nur die wesentlichsten, zunächst die Organisation betreffenden, Aenderungen in Bezug auf die Handelsgerichte in's Auge zu fassen.

Art. 115 des Einführungsgesetzes bestimmt:

„Vom 1. Juli 1870 an ist der Cassationshof für die Pfalz aufgehoben „und gehen alle demselben bisher zugewiesenen Gegenstände an den obersten „Gerichtshof über."

Es ist hier nemlich hervorzuheben, dass bisher der linksrheinische kleinere Theil des Königreiches seine durchaus eigenthümliche Gesetzgebung hatte und an den, obwohl aus Frankreich kommenden, Institutionen trotz alles unbezweifelbaren deutschen Patriotismus mit solcher Treue und Zähigkeit hing, dass man mit grösster Vorsicht dieses (wenn man will) Vorurtheil schonen zu müssen glaubte, so dass man nicht einmal wagte, die unzweifelhaften Verbesserungen des französischen Strafverfahrens, welche im Jahre 1848/49 dem Ministerium des oben schon rühmend genannten Ministers von Heintz, selbst eines Pfälzers, in ausgezeichneter Weise gelungen waren, auf die Pfalz unbedingt auszudehnen, obwohl schon die bayerische Verfassungsurkunde von 1818 den selbstverständlichen Grundsatz der Gleichheit der Gesetzgebung für das ganze Königreich unter den Hauptgrundsätzen der neuen bayerischen Aera an die Spitze gestellt hatte. Die Civilprocessordnung sollte nun aber jedenfalls auf die Pfalz ausgedehnt werden. Allein es konnte auch dieses nicht ohne hartnäckigen Kampf und Widerstand der Bevölkerung sowohl als des Juristenstandes daselbst durchgeführt werden. Trotzdem wurde hier wenigstens jener Verfassungsforderung unerschütterlich Rechnung getragen und wir haben nicht gehört, dass die Pfalz während der Geltung der neuen Processordnung zu Klagen veranlasst gewesen wäre.

Was nun den Cassationshof insbesondere betrifft, so ging von jetzt an der pfälzische in den allgemein bayerischen Cassationshof auf, zu welchem in Folge der neuen Civilprocessordnung der oberste Gerichtshof in München umgestaltet war.

Es wurde nemlich im Art. 788 derselben das Rechtsmittel der Nichtigkeitsbeschwerde normirt wie folgt:

„Durch das Rechtsmittel der Nichtigkeitsbeschwerde kön-„nen die im letzten ordentlichen Rechtszuge ergangenen Entscheidungen, „für welche dies im Gesetze besonders vorgesehen ist, oder welche ein End-„urtheil oder ein diesem hinsichtlich der Zulässigkeit der Berufung gleich-„stehendes Urtheil bilden, angefochten werden:

„1. wenn die Entscheidung gegen eine in der nemlichen Sache früher ergangene rechtskräftige Entscheidung verstösst;

„2. wenn das entscheidende Gericht seine Zuständigkeit oder Unzustän-„digkeit mit Unrecht angenommen hat;

„3. wenn es nicht vorschriftsmässig besetzt war;

„4. wenn die Entscheidung nicht mit Gründen versehen ist;

„5. wenn die Entscheidung auf Grund einer Verhandlung ergangen ist, „bei welcher die Vorschriften über die Oeffentlichkeit des Verfahrens „verletzt sind, oder wenn eine solche Verletzung bei der Verkündung stattgefunden hat;

„6. wenn die Entscheidung unmittelbar oder mittelbar auf einer nichtigen „Processhandlung beruht:

„7. wenn die Entscheidung auf Verletzung, falscher „Auslegung, oder unrichtiger Anwendung einer „Rechtsregel beruht."

Was nun aber die Zuständigkeit betrifft, so bestimmt Art. 796 ganz allgemein:

„Die Nichtigkeitsbeschwerde ist an den obersten Gerichtshof zu richten."

Ueber das zu erlassende Urtheil bestimmt sodann Art. 811:

„Der oberste Gerichtshof hat die Beschwerde zu prüfen und das Urtheil „zu erlassen. — Einspruch gegen das erlassene Urtheil findet nicht statt."

Art. 813. „Wird die Nichtigkeitsbeschwerde verworfen, so ist der Be„schwerdeführer, wenn ihm Streitmuthwille zur Last fällt, in eine Geldbusse „bis zu hundert Gulden zu verurtheilen."

Art. 814. „Im Falle des Art. 788 Ziff. 1 vernichtet der Gerichtshof die „zuletzt erlassene Entscheidung und verfügt, dass die frühere vollstreckt werde."

Art. 815. „Wird die angefochtene Entscheidung auf Grund des Art. 788 „Ziff. 2 vernichtet, so verweist der Gerichtshof die Sache an das zuständige „Gericht oder untersagt, falls der Gegenstand überhaupt nicht zur Entscheid„ung der Gerichte geeignet ist, die weitere Einmischung derselben."

„Wird die Entscheidung aus einem der in Art. 788 Ziff. 3—6 bezeichne„ten Grunde vernichtet, so wird die Sache an das Gericht, welches die ver„nichtende Entscheidung erlassen hat, zurückverwiesen."

„Erfolgt die Vernichtung auf Grund des Art. 788 Ziff. 7, so verweist der „Gerichtshof die Sache an einen anderen Senat des Gerichts, dessen Ent„scheidung vernichtet worden ist, oder an ein anderes gleichstehendes „Gericht."

„Der Gerichtshof kann auch dann, wenn die Vernichtung auf Grund des „Art. 788 Ziff. 2—6 erfolgt, je nach den Umständen die Sache an einen an„deren Senat des Gerichts, dessen Entscheidung vernichtet wurde, oder auf „ein anderes gleichstehendes Gericht verweisen."

Für die Handelssachen hatten bisher nur zwei Instanzen bestanden; durch diese Einrichtung des obersten Gerichtshofes resultirte nun aber auch für die Handelssachen eine dritte, Cassations-Instanz.

Von den drei ordentlichen Senaten, in welchen der oberste Gerichtshof seine Urtheile fällt, war es der zweite Senat, welchem die Handelssachen zugewiesen waren. (Einf. Ges. Art. 116). Bei dem obersten Gerichtshofe jedoch ist das Institut der technischen Beisitzer verlassen; es wird vielmehr auch dieser zweite Senat lediglich aus (im Ganzen) sieben Mitgliedern des Oberappellationsgerichts selbst gebildet.

Was die Handelsappellationsgerichte betrifft, so war im Allgemeinen eine wesentliche Aenderung durch die neue Civilprocessordnung nicht herbeigeführt. — Jedoch wurde durch königliche Verordnung d. d. Linderhof 11. September 1871 *) die durch jene königliche Verordnung vom 19. April 1862 getroffene einheitliche und selbständige Organisation der zweiten Instanz für das ganze rechtsrheinische Königreich wieder verlassen und wurden statt des einen Handelsappellationsgerichts in Nürnberg ähnlich wie vorher, drei solche und zwar

A. für Ober- und Niederbayern: bei dem Appellationsgerichte in München,

B. für Oberpfalz und Regensburg, Ober-, Mittel- und Unterfranken und Aschaffenburg: bei dem Appellationsgerichte in Ansbach,

*) Justiz-M. Bl. 1871. S. 261.

C. für Schwaben und Neuburg: bei dem Appellationsgerichte in Augsburg in derselben Weise errichtet, wie sie vorher mit diesen Obergerichten vereinigt waren.

In § 5 war ausdrücklich wiederholt:

„Die technischen Beisitzer der Handelsappellationsgerichte führen den „Titel: „Handelsappellationsgerichtsassessoren" und üben ihr Amt als Ehrenamt ohne Anspruch auf Gehalt, Ruhegehalt oder Pension für ihre Hinterlassenen."

„Dieselben leisten vor dem Amtsantritte den Richteramtseid gemäss „Art. 113 des Einf. Ges. z. Pr. O."*)

„Die Berufung der Handelsappellationsgerichtsassessoren zum Sitzungs„dienste und zu den Berathungen des Handelsappellationsgerichts erfolgt in „angemessener Reihenfolge durch den Vorstand des Handelsappellationsge„richts."

Bezüglich der „Handelsgerichte" d. h. der Handelsgerichte I. Instanz ward nichts geändert.

Mittlerweile waren auch die Handelsgerichte in der Pfalz conform mit dem rechtsrheinischen Bayern organisirt worden, was durch die königliche Verordnung d. d. Schloss Berg 12. Juni 1870**) geschehen war. Durch dieselbe wurde für die Pfalz ein mit dem Handelsappellationsgerichte in Zweibrücken verbundenes Handelsappellationsgericht errichtet. Die Bestimmung wegen der technischen Beisitzer wurde beinahe wörtlich so getroffen, wie sie so eben wiederholt worden ist. Handelsgerichte I. Instanz wurden vier errichtet; bei den Bezirksgerichten Frankenthal, Landau, Kaiserslautern und Zweibrücken. Auch hier ist § 8 die gleiche Bestimmung wegen der „Handelsgerichtsassessoren" wiederholt.

Zu erwähnen kommt endlich noch eine combinirte Ministerialentschliessung des k. Ministeriums des Innern und der Justiz vom 12. März 1872***), worin die Vollzugsnorm für den Vorschlag der technischen Beisitzer und insbesondere eingeschärft wurde, dass die Gewerbe-Kammern beziehungsweise die Gewerbe-Räthe zur Mitwirkung bei diesen Vorschlägen nicht berufen werden können.

Dies im Allgemeinen die wesentlichsten Aenderungen, welche durch die neue bayerische Civilprocessordnung vom 29. April 1869 herbeigeführt worden sind.

Eine weitere, mit dem Ergebnisse des grossen nationalen Krieges direct

---

*) Derselbe geht dahin: „die ihm obliegenden Richteramtspflichten nach bestem „Wissen und Gewissen, mit Fleiss und Sorgfalt zu erfüllen, keine Partei zu be„günstigen, keiner mit Rath zu dienen, von keiner ein Geschenk oder Verspre„chen weder mittelbar noch unmittelbar anzunehmen, nirgends aus Hass, Gunst, „Furcht, Rücksicht auf die Person, oder aus ähnlichen Ursachen zu handeln, „sondern bei allen Richteramtshandlungen nur Gott, die Gesetze, die Gerechtig„keit und Wahrheit vor Augen zu haben."

**) J.-M. Bl. 1870 S. 169.

***) J.-M. Bl. 1872 S. 109.

zusammenhängende Aenderung ist nun noch am Schlusse und zugleich als Anknüpfungspunkt für die Zukunft darzustellen.

Art. 4 Ziff. 13 der Norddeutschen Bundesverfassung vom 25. Juni 1867 hatte gelautet:

„Der Beaufsichtigung seitens des Bundes und der Gesetzgebung desselben „unterliegen die nachstehenden Angelegenheiten:

„13. Die gemeinsame Gesetzgebung über das Obligationenrecht, Straf- „Handels- und Wechselrecht und das gerichtliche Verfahren.“

In dem Vertrage, welchen Bayern mit dem Norddeutschen Bunde unter dem 23. November 1870 zu Versailles abschloss, ist von Bayern, wie auch von den übrigen Süddeutschen Staaten, zu dem eben bezeichneten Artikel 4 der Norddeutschen Bundesverfassung nur eine einzige Abänderung pactirt worden, nemlich der Beisatz einer neuen Competenznummer zu den bisherigen 15 Ziffern als Ziffer 16:

„die Bestimmungen über die Presse und das Vereinswesen.“

Als Art. 80 beziehungsweise 79 wäre nach der Intention der Verträge die Uebergangsbestimmung in die Verfassung selbst einzureihen gewesen, durch welche die bisher ergangenen Norddeutschen Bundesgesetze auch in den einzelnen neuen Bundesstaaten und zwar entweder in allen, oder wenigstens in den übrigen, ausser dem auch in dieser Beziehung das Ganze sehr verclausulirenden Staate Bayern, eingeführt werden sollten. Bei der aber gerade durch die bayerischen Clauseln herbeigeführten Verwickeltheit dieser an sich höchst einfachen Bestimmung wurde später vorgezogen, in der Verfassung selbst diese transitorische Bestimmung ganz wegzulassen. Dafür wurde in dem Publicationsedicte zur Verfassung vom 16. April 1871 Folgendes vorgesehen:

1. Die diesbezüglichen Vertragsbestimmungen mit den einzelnen Süddeutschen Staaten über jenen ursprünglich intendirten Verfassungsartikel 80 resp. (nach bayerischer Zählung) 79 werden aufrecht erhalten. (§ 2 Abs. 1 dieses Gesetzes.)

„Die dort bezeichneten Gesetze (so wird im Absatze 2 wörtlich weiter- „gefahren) sind Reichsgesetze. — Dasselbe gilt von denjenigen im Nord- „deutschen Bunde ergangenen Gesetzen, welche in der Folge in einem der Süddeutschen Staaten eingeführt werden.“

Letzterer Passus bezog sich wieder auf Bayern, welches, verschieden von den übrigen Süddeutschen Staaten, bezüglich eines grossen Theiles Norddeutscher Bundesgesetze für sich speciell noch eine grössere Zwischenzeit bis zur seinerzeitigen Einführungs-Concession ausbedungen hatte.

Das erste Gesetz nun, welches diese Einführung auch in Bayern bis zu einem gewissen Umfang aussprach, datirte vom 22. April 1871. Unter den Gesetzen, welche schon nach jenem Einführungsgesetze vom 16. April 1871 beziehungsweise nach Art. 80 resp. 79 der ursprünglich pactirten Verfassung in allen Süddeutschen Staaten sofort in Geltung zu treten hatten, befand sich u. a. unter Nummer I Ziff. 15:

„das Gesetz, betreffend die Einführung der Allgemeinen Wechsel-

„ordnung, der Nürnberger Wechsel-Novellen und des All-„gemeinen Deutschen Handelsgesetzbuchs als Bundesge-„setze, vom 5. Juni 1869,

Ziff. 16: „das Gesetz, betr. die Wechselstempelsteuer im Nord-„deutschen Bunde vom 10. Juni 1869,"

Ziff. 17: „das Gesetz, betr. die Errichtung eines obersten Ge-„richtshofes in Handelssachen vom 12. Juni 1869."

Was die Geschichte dieses letzteren Gesetzes und beziehungsweise der Errichtung des bekanntlich von der Sächsischen Staatsregierung in Anregung gebrachten obersten deutschen Gerichtshofes in Handelssachen und seine Constituirung in Leipzig betrifft, so werden wir seinerzeit darauf noch zurückkommen. Hier genügt uns, das Ereigniss als ein bereits feststehendes zu betrachten und zunächst nur die diesbezüglichen Versailler Vertragsbestimmungen ins Auge zu fassen. In dem zuerst abgeschlossenen und gewissermassen auch den erst später zu Stande gekommenen Süddeutschen Verträgen zu Grund gelegten Vertrag mit Baden und Hessen vom 15. November 1870 wurde unter Ziff. 9 stipulirt:

„9: Zu Art. 80 der Verfassung war man in Beziehung auf die Errichtung „eines obersten Gerichtshofes für Handelssachen darüber „einig, dass eine entsprechende Vermehrung der Mitglieder dieses Ge-„richtshofes durch einen Nachtrag zu dessen Etat für 1871 in Vorschlag „zu bringen sein werde."

Im bayerischen Vertrage vom 23. November 1870 wurde eine besondere weitere Stipulation in diesem Punkte nicht getroffen. Jedoch glaubte sich Bayern für den bevorstehenden Civilprocessentwurf überhaupt die wohl selbstverständliche Zusicherung seiner hervorragenden Betheiligung an der seinerzeitigen Vorlage am Reichstage ausdrücklich und vertragsmässig geben lassen zu müssen. In Ziff. V des bayerischen Schlussprotokolls findet sich daher folgende wörtliche Bestimmung:

„Der königlich preussische Bevollmächtigte (Graf v. Bismark) gab die Zu-„sicherung, dass Bayern bei der ferneren Ausarbeitung des Entwurfs eines „Allgemeinen Deutschen Civilprocessbuches entsprechend betheiligt werde."

In Bezug auf jenen obersten Gerichtshof selbst ist die Vertragsbestimmung, was Bayern betrifft, bekanntlich in der Art in Vollzug getreten, dass zwei hervorragende bayerische Juristen, und zwar der an der bayerischen Civilprocessordnung von 1869 nicht nur als Gesetzgebungsausschussmitglied und Referent, beziehungsweise Ausschussvorstand, sondern auch als Commentator betheiligte bisherige Rechtsanwalt Dr. Marquard Barth und der als Praktiker im Gebiete des französischen Verfahrens in der Pfalz und ebenfalls als Commentator der bayerischen Civilprocessordnung in den weitesten Kreisen bekannte und in der heutigen Rechtsprechung als hervorragende Autorität angesehene bisherige Bezirksgerichtsdirector Wernz zu Mitgliedern des obersten deutschen Handelsgerichtshofes in Leipzig berufen wurden.

Im Allgemeinen beschränken wir uns für dieses Mal auf die Anführung, dass im Ganzen und Grossen der oberste deutsche Handelsgerichtshof in Leipzig in die oben skizzirte frühere Competenz des bayerischen Oberappellationsgerichts in seiner Eigenschaft als Cassationshof für Handelssachen getreten ist.*) Eine Beiziehung technischer Beisitzer findet bei dem obersten deutschen Handelsgerichtshof ebensowenig statt, als dies bei dem bayerischen obersten Handelsgerichtshofe der Fall gewesen war.

Soviel über die nunmehrige III. Instanz in Handelsrechtsstreitigkeiten.

Bezüglich der II. und I. Instanz ist es in Bayern bisher lediglich bei dem oben erörterten Zustande geblieben.

III.

Die deutschen Entwürfe.

In dem bereits officiell veröffentlichten „Entwurfe einer Deutschen Civilprocessordnung nebst dem Entwurfe eines Einführungsgesetzes“ und beziehungsweise in der „Begründung des Entwurfs einer Deutschen Civilprocessordnung und des Einführungsgesetzes“ sind bereits einige sichere Anhaltspunkte auch über die künftige Gerichtsorganisation gegeben. Abgesehen davon sind es auch einige Processbestimmungen selbst, auf welche wir möglichst rechtzeitig die Aufmerksamkeit lenken möchten.

Hervorheben müssen wir vor allem aus dem Vorworte zu der Begründung, in welchem zunächst die Zusammensetzung der bundesräthlichen Commission gemeldet wird, dass hier ausdrücklich folgender Gedanke, als eine conditio sine qua non enthaltend, an die Spitze des ganzen Gesetzgebungswerkes gesetzt wird:

---

*) Die Gerichtsbarkeit des deutschen obersten Handelsgerichtshofes umfasst übrigens nicht allein die Handelssachen (§§. 1, 13, 14, 15 des Bundesgesetzes vom 12. Juni 1869), sondern auch diejenigen bürgerlichen Rechtsstreitigkeiten, in welchen auf Grund der Bestimmungen des Bundesgesetzes vom 11. Juni 1870 durch die Klage ein Entschädigungsanspruch, oder ein Anspruch auf Einziehung (Confiscation) geltend gemacht wird“; dessgleichen die nach eben diesem Gesetze zu beurtheilenden Rechtssachen, (§. 32 l. c.) sowie diejenigen Entschädigungsansprüche, welche aus der bundesgesetzlichen Aufhebung der Abgaben von der Flösserei fliessen. (Bundesgesetz vom 1. Juni 1870 §. 2).

„Bei den Beschlüssen über die Rechtsmittel ist die Commission in ihrer „Mehrheit von der für präjudiciell erachteten Voraussetzung ausge-„gangen:

„dass über das Rechtsmittel der Oberrevision nur ein Reichsgerichtshof entscheiden werde.“ *)

Wir müssen hiezu eine kurze geschichtliche Erläuterung geben. Es ist bekannt, dass bei dem constituirenden Norddeutschen Reichstage von 1867 die Gesetzgebungs-Competenz des Reichstages im engeren Sinne Gegenstand der reiflichsten Erwägung, verschiedener Amendementsstellung und einlässlichster und zum Theil heftiger Debatten geworden war.

Der Preussisch-Norddeutsche Entwurf hatte die fragliche Ziffer 13 des Art. 4 der Bundesverfassung**) gefasst, wie folgt:

„13. die gemeinsame Civilprocessordnung und das gemeinsame Con-„cursverfahren, Wechsel- und Handelsrecht.“

Das weitestgehende Amendement hiezu rührte von Miquel her und lautete:

„die gemeinsame Gesetzgebung über das bürgerliche Recht, das „Strafrecht und das gerichtliche Verfahren.“

Damals hatte sich jedoch der grössere Theil der nationalliberalen Partei mit Lasker zu dem beschränkteren Amendement vereinigt:

„Die gemeinsame Gesetzgebung über das Obligationenrecht, „Strafrecht, Handelsrecht und Wechselrecht und das gerichtliche „Verfahren“

und zwar aus der Erwägung, dass die verbündeten Norddeutschen Regierungen auf eine noch weitere diesbezügliche Competenzerweiterung nicht eingehen würden.

In dieser Ausdehnung wurde auch das Amendement von der Mehrheit des Reichstages beschlossen und von den Regierungen genehmigt und wurde auf diese Weise zur Verfassungsbestimmung erhoben.

Uebrigens ging man hiebei von Anfang an, wie bei allen ähnlichen Verfassungsbestimmungen, von der wiederholt ausdrücklich niedergelegten Anschauung aus, dass es sich auch ohne besonderen Beisatz zu den bezüglichen Verfassungsbestimmungen ganz von selbst verstehe, dass dem Reichstage bei der Beschlussfassung über die competenzmässigen Gegenstände unverwehrt sei, wo nothwendig auch überzugreifen in connexe Gebiete, wenn diese auch nicht in ihrer ganzen Ausdehnung ebenfalls als zur Competenz des Reichstages gehörig ausdrücklich erklärt seien. So wurde denn hier hervorgehoben, dass es dem Reichstage in solcher Weise durchaus nicht verwehrt sei, seiner Zeit implicite in das Gebiet der Gerichtsverfassung hinüberzugreifen.

Ungünstige Erfahrungen übrigens, welche der Reichstag gerade in dieser Beziehung von particularistischer Seite, besonders von Seite Sachsens alsbald

---

*) S. V.

**) Vergl. oben Abhandlung II. S. 20.

machen musste, (da man von diesen Seiten da und dort mit dem Popanz der verfassungswidrigen Competenzüberschreitung immer und überall, wo sich auch nur entfernt die Gelegenheit bot, zur Hand war) waren es zunächst, welche gewissermassen vorzugsweise die nationalliberale Partei alsbald bereuen liessen, dass sie sich durch die Drohung der Gefährdung des ganzen Verfassungswerkes im Jahre 1867 zu der berichteten Einschränkung in Ziff. 13 des Art. 4 hatte bewegen lassen. Schon im Jahre 1869 brachte daher Miquel und Lasker gemeinsam das Amendement an den Reichstag, die Ziff. 13 zu fassen:

„die gemeinsame Gesetzgebung über das gesammte bürgerliche
„Recht, das Strafrecht und das gerichtliche Verfahren einschliess-
„lich der Gerichtsorganisation“

und es wurde auch damals dieses Amendement von der grossen Mehrheit des Reichstags angenommen. Allein es rächte sich nun das frühere Versäumniss: der Bundesrath war es, welcher einfach durch Nichtgenehmigung dieses Initiativantrags das Zustandekommen der Verfassungsbestimmung hinderte.

Mittlerweile haben nun die Süddeutschen Staaten durch weitere Stimmen sogar noch die damals im Vergleich günstigere Gestalt des Bundesraths noch wesentlich verschlimmert, indem insbesondere ein „Veto der drei Königreiche“ vertrags- und verfassungsmässig dadurch sanktionirt wurde, dass im Vertrage mit Bayern Ziff. II § 25 sich zur Stipulation herbeigelassen worden war:

„Veränderungen der Verfassung erfolgen im Wege der Gesetz-
„gebung. Sie gelten als abgelehnt, wenn sie im Bundesrath
„14 Stimmen gegen sich haben,“

welche Bestimmung sodann in die Verfassung selbst hinübergenommen worden ist. Nun hat aber nach dem neuen Art. 6 der Verfassung (von den 58 Stimmen) Bayern im Bundesrathe 6, Sachsen 4, Würtemberg 4 Stimmen zu führen also die drei Königreiche allein eben diese 14 Stimmen.

Wie bis in die jüngste Zeit das gleiche von den späteren deutschen Reichstagen wiederholte Amendement zum Falle gebracht oder dessen Genehmigung verhindert worden, ist noch in frischer Erinnerung und wir Baiern sind es vorzugsweise, welche diess mit Rücksicht auf die Misère der Ueberfluthung mit 128 Einzelgesetzgebungen, Particularstatuten und Ortsgewohnheiten auf dem Territorium des rechtsrheinischen Bayerns allein doppelt zu beklagen haben. Trotz des vorzugsweisen Interesses des bayerischen Landes an dem endlichen Zustandekommen eines einheitlichen bürgerlichen Gesetzbuches ist gerade die bayerische Regierung an der Spitze der partikularistischen Renitenz gestanden. Die Sache hat nun freilich in neuerer Zeit eine andere Wendung genommen, nicht etwa weil Bayern von seiner Opposition zurückgekommen wäre, (im Gegentheil soll der bayerische Bundesrathsbevollmächtigte sich vorbehalten haben, vor seiner, nun auch kaum mehr etwas entscheidenden Abstimmung sich mit dem nach bisheriger Erfahrung in seiner Mehrheit im Allgemeinen wenn nicht reichsfeindlichen so doch particularistischen Landtage ins Benehmen zu setzen) sondern die anderen beiden Königreiche haben, um es trivial auszudrücken, schliesslich wie Eingeweihte schon seit länger vorausgesagt hatten, Bayern im Stiche gelassen und nicht etwa blos in Betreff des bürgerlichen Gesetzbuchs sondern auch in Betreff der Gerichtsverfassung.

Unter diesen Umständen verlohnt es sich auch in letzterer Beziehung gar nicht mehr der Mühe, eine vom juristischen, rechtsgeschichtlichen Standpunkte aus überaus leichte Abfertigung des berühmt gewordenen bayerischen Vorschlags auf einen „Reichsrechtshof" auch nur ganz kurz zu versuchen. Er ist und bleibt, wie denn doch von Anfang an so gut wie gewiss war, — eine Todtgeburt!

Gleichviel übrigens, ob die ausdrückliche Competenzausdehnung der Reichsgesetzgebung auf die ganze Gerichtsverfassung wirklich gelingt oder nicht, so viel ist und bleibt gewiss: alle deutschen Staaten, selbst Bayern nicht ausgeschlossen, müssen die ein für allemal bereits vorher festgestandene Competenz der Reichsgesetzgebung nach wie vor anerkennen. Fest stund, dass diese Competenz das ganze gerichtliche Verfahren, sowohl das bürgerliche als das strafrechtliche, begreift und dass ganz selbstverständlich und übrigens nach der ausdrücklichen und „authentischen" Voraussetzung des Reichstags weder ihm noch der bundesräthlichen Gesetzgebungscommission verwehrt sein kann, wo es nicht anders möglich ist, auf das connexe Gebiet der Gerichtsverfassung theilweise hinüberzugreifen. Diess scheint, wenn auch die eigentliche Bedeutung der oben ausgehobenen Verwahrung im Vorworte zur Begründung des Civilprocessentwurfes zu sein, und dieselbe nur weniger verletzend gefasst worden zu sein. Wäre die Absicht eine andere gewesen, so wäre (wir sind es in Anbetracht der sprichwörtlichen norddeutschen Sparsamkeit überzeugt) von einem Drucke sowohl des Civil- als Strafprocessentwurfs vorläufig Umgang genommen worden.

Was den Strafprocessentwurf betrifft, so ist in der Vorbemerkung d. d. Berlin im Januar 1873 schon deutlicher wörtlich gesagt, was folgt:

„Der vorliegende Entwurf steht mit dem bereits veröffentlichten Entwurfe einer deutschen Civilprocessordnung, sowie dem noch ungedruckten Ent- „wurfe eines Gesetzes, welches die Aufgabe hat, die zur Einführung „der beiden Processordnungen erforderlichen Bestimmungen „über die Gerichtsverfassung zu geben, im engsten und un- „trennbarsten Zusammenhange. Dies ist auch der Grund warum man in dem vorliegenden Entwurf eine Reihe von Bestimmungen nicht findet, „welche man sonst in Strafprocessordnungen zu finden gewohnt „ist. Dahin gehören beispielsweise alle Satzungen über die Einrichtung „und Zusammensetzung der Straf-Gerichte selbst, — Oeffentlich- „keit der Verhandlungen. — Insbesondere sind auch alle Vorschriften „über die Mitwirkung des Laienelementes, sein Verhältniss zu dem „der rechtsgelehrten Richter und den dem ersteren zugewiesenen gleichen „Antheil an der Urtheilsfindung in den Gesetzentwurf über die „Gerichtsorganisation gewiesen, weil alle diese Fragen an erster

„Stelle Fragen der Gerichtsverfassung sind und man darum auch ihnen „in jenem Gesetzesentwurf ihre Stelle glaubte anweisen zu müssen.“

Auf S. 55 der Motive zum Civil-Pr.-E. ist sodann ganz deutlich als Grund, warum man überhaupt einen besonderen Gerichtsverfassungsentwurf ins Auge fasste, statt (wie wir nach guter alter Sitte unter allen Umständen für das allein Sachgemässe und Räthliche gehalten hätten) die bezüglichen Bestimmungen in den Civil- und resp. Strafprocessentwurf einzureihen. Es wird nemlich als Grund nicht etwa die Incompetenz (wegen Schweigens des Art. 4 Ziff. 13 der Verfassung über die Gerichtsverfassung) angeführt, sondern — lediglich die Oekonomie, d. h. man wollte die beiden Entwürfen gemeinsamen Gerichtsverfassungsbestimmungen nur — einmal drucken lassen, und wegen dieser (unseres Erachtens sehr übel angebrachten) Oekonomie hatte man sie nur einmal in einem gemeinsamen Entwurfe abzudrucken die Absicht. Dieser Entwurf wird ein anderes Mal sogar wörtlich als der erste Theil, der Civilprocessentwurf als zweiter, der Strafprocessentwurf als dritter Theil des Gesetzgebungsprojektes bezeichnet. Leider ist nun aber in Folge dieser beliebten Trennung der erste Theil, auf welchem die beiden anderen erst basiren, noch nicht veröffentlicht.

Doch wir wissen ja den Grund. Man hat vorgezogen, die beiden Entwürfe aus Zweckmässigkeitsgründen vorläufig so weit als möglich zu veröffentlichen, und dieselben Zweckmässigkeitsgründe werden sogar die bisher ganz ungewohnte Abtrennung der an sich untrennbaren Gerichtsverfassung und den Gedanken der seinerzeitigen Herstellung eines nachträglichen Gerichtsverfassungsentwurfes ganz allein erzeugt haben!

Uebrigens sprechen auch die Motive zum Civilprocessgesetzentwurf seine Voraussetzungen als ähnliche conditio sine qua non mit hinlänglicher Bestimmtheit aus. Geradezu als Fundamentalgrundsätze werden nämlich*) erklärt, dass die Gerichtsverfassung aufgebaut werde, wie folgt:

I. Instanz: Einzelrichter: Amtsrichter
Collegial: Land- und Handelsgerichte.

Was die Handelsgerichte speciell betrifft, ist sodann sogleich als Fundamentalgrundsatz seiner Competenz beigefügt: „Vor die Handelsgerichte gehören handelsrechtliche Streitigkeiten ohne Rücksicht auf den Werthbetrag. (Für alle nicht an den Handelsgerichten oder nicht [bei Geldeswerth unter 100 Thlr. oder bei Bedürfniss schleuniger Erledigung] den Amtsgerichten zugetheilten Rechtsstreitigkeiten sind die Landgerichte zuständig.“)

II. Instanz: den Amtsgerichten sind als zweite Instanz die Landgerichte,
den Landgerichten und Handelsgerichten die Oberlandesgerichte übergeordnet.

Die III. Instanz wird von einem obersten Gerichtshofe ausgeübt.“

---

*) S. 56.

Hiebei und zwar zur II. Instanz muss nun aber sogleich folgendes Weitere bemerkt und die ganze Aufmerksamkeit aller Interessenten vorzugsweise auf diesen Punkt gelenkt werden.

§. 446 des Entwurfs lautet nämlich:

„Die Berufung findet gegen die Endurtheile der Amtsgerichte statt."

Mit anderen Worten: Gegen Endurtheile der Handelsgerichte fällt von jetzt an das Rechtsmittel der Berufung weg, und insofern würden also alle Handelsappellationsgerichte bei den Oberlandesgerichten überflüssig sein. Die Wirksamkeit der Handelsappellationsgerichte würde aber überhaupt und nach der ganzen Art und Weise des auch im Entwurfe beibehaltenen summarischen Verfahrens beinahe auf Null reducirt sein, da die Beschwerden u. dgl. im Gebiete des Handelsgerichtsprocesses vor wie nach ziemlich inhalts- und gegenstandslos bleiben werden.

Was nun aber die hier zu entscheidende Streitfrage, ob Berufung oder keine, betrifft, so ist dies eine der bestrittensten grossen Fragen, welche durch die neue deutsche Gesetzgebung endlich zu einer allgemeinen Entscheidung gebracht werden müssen, — eine Frage über welche nicht nur die Wissenschaft sondern auch die legislative Praxis auf's diametralste auseinander geht.

Den trefflichen Ausführungen und geschichtlichen Darstellungen der Motive sowohl im Civilprocessentwurfe als auch besonders im Strafprocessentwurfe *) können wir aus räumlichen Gründen in keiner Weise folgen. Wir bescheiden uns nur den Gedankengang der Civilprocessmotive **) anzudeuten.

Die Berufung ist richtig aufgefasst nichts anderes als das Recht auf Gewährung eines neuen Judiciums, auf Erneuerung und Wiederholung des Rechtsstreites vor einem anderen Richter.

Ist es aber gerechtfertigt, die thatsächliche Seite eines Rechtsstreites einer wiederholten Würdigung durch einen höheren Richter zu unterwerfen?

Der Gedanke, dass diess unvereinbar mit dem ganzen Prinzip des Verfahrens ist, hat sich bereits so sichere Bahn gebrochen, dass ihn die deutsche Processordnung schwerlich wird abweisen können, jedenfalls nicht gegenüber den Urtheilen der Collegialgerichte.

Der Entwurf statuirt daher:

„dass in der Gestalt eines anderen Judicium die Berufung
„gegen das Urtheil der collegialisch besetzten Gerichte
„nicht zu gestatten sei."

Soweit die Motive. Um kurz zu sein, erklären wir unsererseits uns hiemit

*) S. 206 verglichen mit Anlagen S. 1 ffg., S. 216 (Motive zur „Revision") und S. 232 (Motive zur „Wiederaufnahme").

**) S. 42 ffg.

nach wissenschaftlichen Anschauungen und praktischen Erfahrungen durchaus einverstanden*).

Allein — die erste Instanz, das Collegialgericht, welches in erster und letzter Instanz allein das entscheidende Endurtheil zu sprechen hat, muss in einer Weise und mit einer Sorgsamkeit organisirt werden, dass diese eine Instanz dieselbe Gewähr einer nicht blos unparteiischen sondern auch richtigen Urtheilsfindung bietet, wie bisher zwei Instanzen geboten haben!

Gleich wichtig ist daher die nächste Frage für uns:

Wie ist das Handelsgericht organisirt?

In dieser Beziehung müssen wir uns zunächst auf das endliche Erscheinen des Gerichtsverfassungsentwurfs selbst unser Urtheil versparen, glauben aber schon durch die vorstehende Darstellung einen hohen Zweck erreicht zu haben, wenn es uns nur einigermassen gelungen sein sollte, die allgemeine Aufmerksamkeit gerade auf die soeben aufgeworfene Hauptfrage nach der Organisation der Handelsgerichte (I. Instanz) gelenkt und gewissermassen concentrirt zu haben.

In neuester Zeit sind wir aber durch eine Veröffentlichung in der „Augsb. Allg. Ztg." in den Stand gesetzt, mit hinlänglicher Gewissheit ohngefähr die Tendenz der bundesräthlichen Commission vorauszusehen. In der Nummer 87 dieses Blattes d. d. 28. März ds. Js. findet sich am Ende des Hauptblattes unter der Rubrik „Verschiedenes" eine Zweisterncorrespondenz: „Der neueste deutsche Gerichtsorganisations-Entwurf — nach bayerischen Ideen ausgearbeitet" und beginnt dieselbe mit der Notiz, dass dieser Entwurf (der deutsche Entwurf selbst ist weder schon gedruckt, noch auch nur entfernt im Bundesrath selbst festgestellt) „nunmehr gedruckt vorliege." Im Buchhandel übrigens ist er, soviel Referent bis heute (6. April) erfragen konnte, noch nicht erschienen. So bedauernswerth nun der Inhalt dieses bayerischen Gegenentwurfes sonst ist, (— er gibt u. a. das in Bayern in 25 jähriger Geltung trefflich erprobte Schwurgerichtsinstitut ganz preis!—) so willkommen ist uns ein ganz kleines Sätzchen, welches einstweilen den voraussichtlichen Inhalt des deutschen Entwurfs verräth.

Es heisst nämlich wörtlich:

„Die Handelsgerichte verhandeln und entscheiden die ihnen über-
„wiesenen Rechtsstreitigkeiten in erster Instanz. Sie werden besetzt:

---

*) Wie sehr der Wirkungskreis der Oberlandes- (Appellations-) Gerichte durch diesen, auch im Strafprocessentwurfe durchgeführten Grundsatz zusammenschrumpft, ist klar. Die Ersparniss der Staaten würde eine sehr bedeutende sein. Die Civilprocessmotive sagen S. 46 oben: „Es ermöglicht dieser Grundsatz Bildung grosser Gerichtskörper als Oberlandesgerichte, so dass sich ihr Gebiet über grosse Theile des Gesammtgebiets des grossen Staates, über das ganze Gebiet sogar grösserer Mittelstaaten und über das Gesammtgebiet mehrerer kleinerer Staatengruppen zusammen erstrecken kann."

„mit einem rechtsverständigen Richter und zwei Han-
„delsrichtern.

Wir fragen nun: genügt bei der Wichtigkeit und Schwierigkeit des Handelsrechts eine solche Besetzung? Wir sind unsererseits gar nicht um die Antwort verlegen. Wir antworten mit aller Bestimmtheit: Nein! Eine solche Besetzung der in erster und letzter Instanz oft über Wohl und Wehe einer Firma und über die complicirtesten und schwierigsten Rechtsfragen auf einem zum Theil noch so gut wie unbebauten Felde des Rechtsgebiets urtheilenden Handelsgerichte genügt keineswegs! Wir verlangen wenigstens eine Besetzung mit zwei rechtsgelehrten und vier technischen Richtern!

Weniger Werth legen wir auf die ohnehin selten eintretende Wirksamkeit der Oberlandesgerichte als Handelsappellationsgerichte. Wir wollen daher uns lediglich auf die Constatirung beschränken, dass zeuge jenes bayerischen Entwurfs: „die Oberlandesgerichte zuständig sind für die „Verhandlung und Entscheidung über das Rechtsmittel — der Beschwerde „gegen Entscheidungen der Land- und Handelsgerichte.

Was den obersten Reichsgerichtshof betrifft, so sagen über das einzige an ihn gehende Rechtsmittel der Revision (der Name: „Cassations-" oder „Nichtigkeitsbeschwerde" ist trotz der eigentlich vollen Sach-Gleichheit hier wie auch im Strafprocessentwurf aus einer gewissen patriotischen Germano-Manie aufs ängstlichste vermieden) die Motive *) zur allgemeinen Begründung:

„Der mit diesem Rechtsmittel („revisio in jure") angegangene Richter hat „zu prufen, ob das angefochtene Urtheil (nicht etwa blos die Ent„scheidungsgründe!) auf einer Gesetzverletzung beruht, und hat hiebei „das im Urtheil festgestellte Sachverhältniss zu Grund zu legen, sofern „nicht in dem Verfahren, welches zur Feststellung des Sachverhältnisses „geführt hat, eine Gesetzesverletzung zu rügen ist.

Die entscheidenden Entwurfs-Artikel selbst lauten:

§ 477 „Die Revision findet gegen die in I. Instanz erlassenen Endur„theile der Landgerichte und gegen die Endurtheile der Handels„gerichte statt."

§ 480 „Die Revision kann nur darauf gestützt werden, dass die Ent„scheidung auf einer Verletzung des Gesetzes oder auf der „unrichtigen Auslegung einer Urkunde übe das Rechts„geschäft beruhe **)."

Bei der grossen Einschränkung des Rechtsmittels der Nichtigkeitsbeschwerde, gegen welche wir an sich nichts zu erinnern hätten, ist es also doppelt geboten, die Organisationsfrage bezüglich der I. Instanz auf's Aengstlichste zu prüfen!

---

*) S. 49.

**) Ueber die „Oberrevision" vgl. § 497 nnd 498.

Was die Competenz des obersten deutschen Reichsgerichtshofs zur Entscheidung der Revision betrifft, so konnte merkwürdiger Weise der bayerische Entwurf selbst nichts dagegen einwenden; und warum? Lediglich desshalb, weil — das deutsche Handelsgesetzbuch mit Gottes Hilfe zufällig ebenso wie das deutsche Wechselgesetz schon lange vor Abschluss der Errungenschaften des glorreichen Krieges im Innern, d. h. lange vor den Versailler-Verträgen zu Stande gekommen war.

Die Besetzung der Oberlandesgerichte betreffend, verräth der bayerische Entwurf nur so viel: dass sie in Senaten von 5 Mitgliedern entscheiden und scheint von der Beiziehung technischer Beisitzer bei Entscheidung von Beschwerden gegen Handelsgerichte eine Rede nicht zu sein, wogegen auch wir bei der Natur dieser „Beschwerden“ nichts zu erinnern hätten. Das „Deutsche Reichsgericht“ scheint in Senaten von sieben Mitgliedern entscheiden zu sollen.

IV.

Der Assecuranzvertrag.

Der Weg, welchen die Entwicklung der Theorie über das Wesen und die Natur des Assecuranzvertrags in Deutschland bereits eingeschlagen hat und fernerhin fortzusetzen droht, der verhängnissvolle Einfluss, welchen eine irregeleitete Theorie selbst auf die bevorstehende Reichsgesetzgebung immerhin ebenfalls üben könnte, rechtfertigt es nicht nur sondern zwingt sogar dazu, die bisherige Art aller Entwicklung von Rechtstheorieen in Deutschland näher ins Auge zu fassen. Es ist bei der politischen Gestaltung der deutschen Verhältnisse, wie sie besonders seit dem westphälischen Frieden (ihr eigentlicher Ursprung liegt noch viel weiter zurück) zu Tage getreten ist, nicht zu verwundern, dass auf den deutschen Hochschulen mit einer gewissen Solidarität und (zusammenhängend mit dem seiner Zeit auf's Höchste zu achtenden Streben, die Einheit doch wenigstens auf diesem Felde herzustellen oder zu erhalten) die Wissenschaft des „Deutschen Gemeinen Rechts“ so und nicht anders ausgebildet wurde, wie sie in der That ausgebildet worden ist. Es würde jedenfalls hier viel zu weit führen, wenn wir eine irgend wie erschöpfende Darstellung versuchen wollten, warum diess so gekommen; warum ferner hiebei gerade in Deutschland die wissenschaftliche Entwicklung des Rechts ein überwiegendes Gewicht auf die Geschichte gelegt und in gewisser Beziehung durch die historische Behandlung des Rechts an die Stelle eines den modernen Verkehrsbedürfnissen entsprechenden Rechts ein historisch-wissenschaftliches Recht, mit anderen Worten nichts mehr und nichts weniger als ein förmliches Recht der Wissenschaft zu Tage gefördert hat. Auf keinem Gebiete ist aber trotzdem und beziehungsweise gerade durch jene historische Methode die Wissenschaft dem Leben und dem Verkehre der Lebenden so durchaus fremd geworden, als diess auf dem Gebiete des Rechts wirklich noch heut zu Tage der Fall ist. Während andere Nationen das Recht nur als Norm dieses Verkehrs der Lebenden, die Wissenschaft als die Wächterin eben dieser nur auf die Gegenwart und ihre Bedürfnisse gerichteten Norm betrachtet und ausgebildet haben, während andere Nationen durch eine immer thätige Gesetzgebung jedem neuentstandenen, aus dem Verkehre herausgewachsenen Bedürfnisse entgegen gekommen oder wenigstens möglichst Schritt für Schritt gefolgt sind, ist in Deutschland seit tief zurückliegenden Zeiten eine Stagnation eingetreten. Die Rechtsentwicklung des Volkes selbst erscheint beinahe mit einem Male wie abgeschnitten. Die Wissenschaft betrat einen Standpunkt, welcher gleichsam für alle Zeiten als ein feststehender, kein Fortschreiten verlangender, ja jedes solches ein für alle Male verbietender angesehen wurde. Rückwärts, und rückwärts allein blieb der Blick und das Streben der Rechtswissenschaft gerichtet, und damit das Unglück voll wurde, war es nicht etwa das alte einheimische Recht, die altgermanischen Gesetze und Rechtsaufzeichnungen, die mittelalterlichen deutschen Rechte, auf welche dieser rückwärts gerichtete Blick fiel, nein, ein fremdes Recht war es, auf welches der Blick weit überwiegend, ja eigentlich ausschliessend gerichtet ward, mit einem Wort das römische Recht. Wäre Deutschland ein romanisches Land, in welchem Rom seine Herrschaft Jahrhunderte lang geübt, so hätte diese Erscheinung nichts Wunderbares. Ja im Gegentheil in dem einen und anderen romanischen Lande muss man sich umgekehrt wundern, warum dort das römische Recht keineswegs so vollständig als man erwarten könnte durchgedrungen ist und sich z. B. in Frankreich sogar zum Theil mehr germanische Rechtsanschauung und fränkisches Recht bis in die Gegenwart gerettet hat, als diess in Deutschland selbst der Fall ist. Die Erklärung dieses grossen Räthsels ist eine überaus komplicirte und sie ist noch heut zu Tage keineswegs erschöpfend geliefert. Wir wollen dieselbe hier in keiner Weise versuchen, allein nothwendig ist und bleibt es, auf die Unnatürlichkeit der Erscheinung, auf die verhängnissvolle Schädlichkeit des im Laufe von Jahrhunderten vollzogenen Ereignisses immer wieder aufmerksam zu machen und die Gegenwart gegen die noch immer fortwirkenden Consequenzen mit aller Kraft zu verwahren. Insbesondere würde es gleichbedeutend mit der Verewigung des Unglücks sein — denn dafür erklären wir es unsererseits reiflich und wohlüberlegt — wenn dieser angewohnt rückschauende Blick auf das römische Recht und in seinem Gefolge auf das mit ihm gleichzeitig eingedrungene andere fremde Recht, das canonische Recht, noch heute irgend wie Mass gäbe und wenn er besonders seit der endlichen Wiederherstellung des lange vor 1806 zerfallenen Deutschen Reiches auf die künftige Reichsgesetzgebung Einfluss übte.

'Es würde ebenso vermessen als thöricht sein, dem römischen Rechte seine staunenswerthe Grösse und musterhafte Ausbildung irgendwie bestreiten zu wollen, oder die Forderung aufzustellen, die Lehre der Pandekten aus den deutschen Hochschulen zu verbannen. Ebenso wenig fällt es uns aber auch ein, den geistigen Schatz, welchen das griechische und römische Alterthum aufgespeichert hat, irgendwie zu ignoriren. Zur Erweiterung des Blickes, zur Vertiefung der menschlichen Bildung ist dieser Schatz ebenso unentbehrlich wie — die Pandektenlehre zur Bildung der Disciplin des Juristen, zur Weckung und Stärkung des juristischen Geistes. Allein himmelweit verschieden wäre das Verlangen, das moderne Geistesleben statt zu einem deutschen zu einem griechischen oder römischen zu machen. Und genau das gleiche Postulat ist es, das römische Recht an der Stelle des deutschen Rechts in alle Ewigkeit irgendwie zu belassen.

Unsere deutsche Rechtsentwicklung ist nun einmal abgeschnitten worden. Von einem Anknüpfen der deutschen Gesetzgebung an einheimisches Recht kann keine Rede mehr sein. Allein wie man schon mit Beginn dieses Jahrhunderts darauf gedrungen hat, dass die germanisch-deutsche Literatur nicht fernerhin die Aschenbrödel neben der griechisch-römischen spiele, so ist nun mit allem Ernste an die deutschen Juristenfakultäten und an die deutsche Rechtswissenschaft überhaupt die Forderung zu stellen, dass die alten einheimischen germanisch-deutschen Geistesschätze auf dem Gebiete des Rechts mindestens ebenbürtig neben die römischen Rechtsquellen gestellt und mindestens dem gleichen Studium unterzogen werden. Wird das römische Recht vorzugsweise die Geistesdisciplin, die formelle Ausbildung zu Tage fördern, so wird der Geist des uralt einheimischen Rechts die materielle Grundlage der Rechtsbildung zu bilden haben.

Für die Gesetzgebung aber bleibt für den Augenblick das, was immer die Hauptrücksicht bleiben muss und nie hätte aus dem Auge verloren werden sollen, als Einziges übrig: das Bedürfniss des Verkehrs. Da, wie schon gesagt, keine Anknüpfung an einheimisches früheres Recht möglich ist, so muss sich unserer Ueberzeugung nach die Gesetzgebung immer bewusst sein, dass sie ohne irgend den Blick zurück zu werfen, nur um sich zu blicken, nur die Gegenwart im Auge zu haben, und — neues deutsches Recht lediglich nach der Anforderung des Verkehrs zu schaffen hat.

Im Allgemeinen kann man anerkennen, dass auf dem einen (gewissermassen noch unmittelbar vor der neuen Gestaltung der deutschen Dinge seit 1870 durch die eins gewordenen deutschen Einzelregierungen anticipirten) Felde der allgemeinen Handels-Gesetzgebung dieser unserer Forderung volle

Rechnung getragen ist. Allein ein Gleiches kann der handelsrechtlichen Wissenschaft, welche dem Allgemeinen Deutschen Handelsgesetzbuche unmittelbar voraus, neben ihm her, und seither nachgieng, in keiner Weise nachgerühmt werden. So trefflich insbesondere, um das Grösste voraus zu betonen, das Handelsrecht eines Thöl ist, es ist nicht frei geblieben von dem von uns oben erörterten Fehler des Rückblickens auf jenes fremde Recht. Denselben Fehler glauben wir nun aber insbesondere auch einem anderen, von uns aufs Höchste verehrten, auf unserem speciellem Gebiete des Assecuranzwesens zur Autorität gewordenen Vertreter der Rechtswissenschaft zum Vorwurfe machen zu müssen. Es ist dies Universitätsprofessor und Oberappellationsgerichtsrath Dr. Endemann, dessen ebenso geistreiche als gelehrte Entwicklung über: „Das Wesen des Versicherungsgeschäftes“ in der „Zeitschrift für das gesammte Handelsrecht‘ von Professor Dr. Goldschmidt wir bei unserer Erörterung zunächst ins Auge gefasst haben*). Vorausschicken wollen wir übrigens, dass wir mit einzelnen Ergebnissen der einlässlichen Untersuchung nicht nur durchaus einverstanden sind, sondern dass wir auch den einen oder andern von uns selbst als Cardinalsatz erachteten Gedanken mit einer Präcision und Schärfe niedergelegt finden, welche uns nicht das Geringste zu wünschen übrig lässt. Unsere nachfolgende Polemik richtet sich nur gegen die (übrigens allerdings weit überwiegenden) Behauptungen, welchen wir unsererseits den Vorwurf nicht ersparen können, dass sie als inconsequent und als Widerspruch der vom Verfasser selber anerkannten Grundprincipien erscheinen.

Wir können natürlich der grossen Abhandlung in keiner Weise vollständig folgen und müssen es uns insbesondere grundsätzlich versagen, der den Haupttheil der Abhandlung bildenden historischen Entwicklung der Lehre Schritt für Schritt nachzugehen. Wir glauben ja, dass gerade in diesem von Endemann angestellten Rückblicke selbst — die Quelle des von uns angenommenen, übrigens auch bereits schon andererweits mehrfach bekämpften, Fehlers liegt. Es ist nämlich der Verfasser weit entfernt, die historische Einleitung lediglich als solche vorauszuschicken, — ein in Deutschland nun einmal herkömmliche conditio sine qua non — sondern er theilt den oben gegenüber der gesammten deutschen Rechtswissenschaft gerügten Fehler, dass er auf einzelne aus jener historischen „Entwicklung“ resultirende Sätze ein über das geschichtliche Interesse weit hinausgehendes Gewicht legt und sie gleichsam als gegebene Rechtssätze zum Ausgangspunkte der Betrachtung des modernen Assecuranzwesens macht. Uns scheint umgekehrt, dass, da es sich im Ganzen und Grossen lediglich um eine lex ferenda, um einen Neubau auf der durch das „Allgemeine Deutsche Handelsgesetzbuch“ gelegten, ganz

*) Der grosse Aufsatz, dessen Resultate Endemann bereits in sein „System des Handelsrechts“ aufgenommen hat, findet sich in der citirten Zeitschrift Band IX S. 284 bis 327, S. 511 bis 554, Bd. X S. 242 bis 315.

allgemein und breit gehaltenen Grundlage handelt, es sehr gleichgültig ist, wie etwa nach Analogie des römischen foenus nauticum und dgl., oder nach der Auffassung des canonischen Rechts und der an diese sich anschliessenden bisherigen wissenschaftlichen Doctrin das heutige Assecuranzwesen zu beurtheilen gewesen sein dürfte. An erster Stelle nicht nur, sondern einzig und allein scheint uns vielmehr nur (wir wiederholen es absichtlich nochmals) — das Bedürfniss des Verkehrs in der Gegenwart zu stehen. Die Art und Weise, wie sich heut zu Tage das Assecuranzwesen und zwar in Deutschland gestaltet hat, die aus der freiwilligen Uebung einer dem Verkehr zu Grund liegenden Rechtsüberzeugung sich ergebende Gestalt eines vorläufigen Gewohnheitsrechts, mit anderen Worten, die bei den Versicherungsabschlüssen etwa vorfindliche Uebereinstimmung einer gleichen Rechtsanschauung, — das sind unseres Erachtens allein die Momente, welche von der modernen Theorie ebenso wie seinerzeit von der Reichsgesetzgebung ins Auge gefasst werden müssen.

Fasst man diesen Gesichtspunkt als allein massgebend ins Auge, so fragen wir jeden unbefangenen praktischen Kenner des Versicherungswesens: ist der Assecuranzvertrag mit der Wette gleichzustellen? ist er wie diese aut einen vom Eintritt irgend eines Zufalls bedingten fixen Geldgewinn gerichtet? oder ist er auf Schadloshaltung für den Fall eines den Versicherten betreffenden Schadens, gross oder klein, wie er eben eingetreten sein wird, gerichtet? Mit anderen Worten ist der Vertrag ein „Fixgeschäft“, oder ein auf eine je durch die Grösse des Schadens erst zu bestimmende, an sich insofern unbestimmte Summe gerichteter besonderer Vertrag? —

Endemann erklärt den Vertrag als Fixgeschäft, wir erklären uns für ein Schadenersatzgeschäft.

Wir wollen vorläufig lediglich unsere negative Aufgabe zu erledigen suchen. Eine Wette und die ihr ähnlichen Speculationsverträge haben sämmtlich das Gemeinsame, dass beide Contrahenten in gleicher Weise einen Gewinn im engsten Wortssinne machen wollen, und zwar soll der Gewinn Demjenigen zu Theil werden, welcher die Wette gewinnt. Der Gewinn im eminentesten Sinne des Wortes, eine nur durch einen Zufall in den Schooss geworfene Bereicherung ist nicht nur das Wesentliche sondern bildet allein das Wesen des ganzen Wettgeschäftes. Heisst es aber nicht mehr oder weniger die Sache auf den Kopf stellen, wenn man sagt: das Wesen des Versicherungsgeschäftes ist ebenfalls nur Gewinn, ist nur ein von beiden Seiten, von jedem für sich gesuchter Gewinn?

Freilich „Gewinn“ und „Gewinn“ ist, um trivial zu sprechen, zweierlei. „Umsonst ist nur der Tod“, heisst ein altes Sprichwort, und der eine Sinn, der darin liegt, ist der, dass man von seinem Nebenmenschen nichts „umsonst“ bekommt, wenigstens nichts „umsonst“ verlangen soll. Gewissermassen sucht jeder Mensch von jeder Thätigkeit einen „Gewinn“. Aber die Arten des Gewinns sind mannigfach, ebenso mannigfach wie die Arten des Gewinnens. Dass in diesem Wortsinne beide Contrahenten gewinnen, nicht umsonst bei dem gegenseitgen Vertragsverhältnisse thätig sein wollen, ist ganz selbstverständlich. Jeder will etwas gewinnen, der Eine, der Versicherer, die versichernde Gesellschaft will möglichst grosse Zinsen aus dem Betriebskapitale ziehen, der Versicherte einen künftigen Schaden, wenn er wirklich eintreten sollte, auf möglichst wohlfeile Weise gewissermassen im Voraus decken, um bei wirklichem Eintritt des Schadens geradezu zu gewinnen, d. h. mehr Capital aus dem Versicherungsgeschäft herauszuziehen, als er durch seine Einlagen hineinbezahlt hatte. In diesem Falle verliert auf der anderen Seite der Versicherer bei diesem Geschäfte. Für den Fall, dass dieser Schaden nicht eintritt, gewinnt der Versicherte aus dem Geschäfte nicht nur nichts, sondern er verliert. In diesem Falle hinwiederum gewinnt der Versichernde bei diesem Geschäfte. Das ist nun aber eine in der Natur der Sache gelegene Besonderheit des Versicherungswesens überhaupt. Ohne diese Chance wäre faktisch von vorneherein gar kein Versicherungswesen möglich. Gibt man also den unleugbaren nationalökonomischen Segen des Versicherungswesens einmal zu, so muss man eben auch diese Chance, diese Besonderheit mit in den Kauf nehmen. Jedenfalls ist also der Satz auch bei diesem zweiseitigen Vertrage richtig: jeder Theil sucht zu gewinnen und gewinnt auch eintretenden Falls wirklich. Der Versicherte gewinnt beim Eintritt des Schadens, der Versicherer bei Ausbleiben des Schadens. Dieser Gewinnst ist für den einzelnen Versicherten ein ihm voll verbleibender, für den Versichernden ein nur zum Theil verbleibender, denn er muss einen Theil des Gewinnes bei diesem Geschäfte für die Deckung des bei anderen innerhalb des gleichen Geschäftbetriebs erlittenen Schadens verwenden. Nicht etwa zum Prosperiren dieses Geschäftsbetriebs sondern sogar zur Möglichkeit des Fortbestandes des Geschäfts selber ist es nothwendig, dass die die Basis des Geschäftsbetriebs bildende Berechnung die menschenmöglich richtigste ist, so dass hiernach dem Versichernden auch nach Ausgleichung von Gewinn und Verlust bei allen einzelnen Geschäften sich noch so viel Reingewinn ergibt, dass mindestens die üblichen Zinsen aus dem Betriebscapitale gezogen werden. Es muss also als eine Besonderheit des Versicherungsvertrages zugestanden werden, dass der Versichernde immer, der Versicherte bei Eintritt des Schadens gewinnt. Mag aber auch der Gedanke, das Versicherungsgeschäft mit der Wette zu vergleichen und dasselbe auch als ein „aleatorisches Geschäft" zu taufen, noch so nahe liegen, im Wesentlichen ist das Versicherungsgeschäft durchaus ein eigenes Geschäft für sich, wie hinwiederum Spiel und Wette eigene Geschäfte für sich bilden.

Wir unsererseits könnten uns nun ebenfalls versucht fühlen, in die Geschichte zurückzugreifen, wenn auch in einer etwas anderen Richtung als die Wissenschaft (des Rechtes) bisher gethan hat. Warum hat denn die Wissenschaft bisher nur die geschichtliche Entwicklung der rechtlichen Theorie ins Auge gefasst? Wäre es nicht nothwendig gewesen, eine feste Basis für die Betrachtung dieser Entwicklung dadurch zu schaffen, dass man vor Allem die Geschichte der Fakta, aus welchen die Theorie sich entwickelt, mit anderen Worten die Geschichte des faktischen Versicherungswesens, die Geschichte der Versicherungsgesellschaften bei den einzelnen überhaupt in Frage kommenden Völkern, so weit es nach den Geschichtsquellen noch möglich ist, herstellte? War es nicht vor allem nöthig, den Seeverkehr der Römer, das allmälige Auftauchen von Seedarlehen, den Geschäftsbetrieb seitens der Darleiher, das allmälige Wachsen der Zahl dieser Geschäfte, ihr Prosperiren möglichst ins Klare zu stellen, ehe man hoffen konnte, über die wenigen Stellen in den Pandekten oder früheren oder späteren römischen Rechtsquellen ein nothdürftiges Licht zu verbreiten? Wäre nicht das gleiche Verfahren für die spätere Zeit ebenso nothwendig gewesen? — Wäre es nicht insbesondere nothwendig gewesen, die faktischen Zustände des Creditwesens überhaupt möglichst genau in jenen mittelalterlichen Zeiten herzustellen, in welchen die Kirche mit den Wucher-Verboten darein fuhr? Sind nicht gerade die enormen faktischen Auswüchse, welche die damalige Zeit auf diesem Felde geboren hatte, das Ziel gewesen, gegen welches diese Gesetzgebung gerichtet war? Kann diese Gesetzgebung irgend wie richtig verstanden und gewürdigt werden, wenn man das Object so gut als gar nicht kennt, gegen welches sie gerichtet war? War nicht die Umgestaltung der diessbezüglichen Rechtsanschauungen im 16. Jahrhundert von der „wirthschaftlichen Reformation" bedingt? Muss also nicht, um die Rechts-Reform zu verstehen, zuerst die wirthschaftliche Reform selber in's Auge gefasst und klar gestellt werden, welche jene Rechtsreform damals allein bedingte und jetzt allein erklärt?

So weit wir selbst bisher aus einzelnen geschichtlichen Notizen dieser Art zu ersehen vermögen, wäre diese Geschichte weit förderlicher für einen Einblick in das „Wesen des Versicherungsvertrages" gewesen, als die ganze gelehrte Argumentation aus den wenigen römischen Gesetzesstellen und Stellen aus Aperçus römischer Juristen, und ebenso aus Stellen des kirchlichen Rechts und Büchern der Canonisten. Es will uns z. B. bedünken, dass solche Geschichtsnotizen gerade darauf hinweisen, dass das faktische Versicherungswesen im Ganzen und Grossen immer nur den wahren Schaden in's Auge fasste, und dass besonders die Seeversicherungsgesellschaften im Mittelalter mit grosser Aengstlichkeit gerade diesen Punkt festhielten. Vielleicht dürfte auch in dieser Geschichte der Satz Bestätigung finden, dass das Versicherungswesen als solides Geschäft nur auf dieser Basis möglich ist, und zwar einfach desshalb, weil nur unter dieser Voraussetzung eine irgend wie sichere statistische Vorausberechnung möglich ist. Wie gesagt, wir könnten uns verleitet finden, auch unsererseits auf die Geschichte zurückzugreifen. Wir müssen aus einer Reihe von Gründen darauf verzichten. Es genügt uns, nur den einen Grund anzuführen: Wir glauben, dass selbst durch diese Geschichte für den unmittelbar praktischen Nutzen — Nichts gewonnen würde. Die Wichtigkeit der Geschichte an sich will hiemit nicht im Mindesten geleugnet werden, im Gegentheil wir halten sie in anderen

Richtungen für so überaus wichtig wie Irgendjemand. Hierüber uns weiter zu erklären ist hier nicht der Ort. Für durchaus nutzlos aber, ja geradezu für schädlich müssen wir es allen Ernstes erklären, wenn ohne Geschichtskenntniss im Ganzen die Rechtsquellengeschichte und die Geschichte rechtlicher Theorien herausgerissen und dann wieder die eine oder andere Phase aus der ganzen Rechtsentwicklung herausgewählt und gerade an diese oder jene Phase für die Gegenwart beliebig angeknüpft werden will. Freilich wir erkennen es an, es ist das nicht etwa ein Fehler Einzelner, wir glauben hiemit einen Fehler der deutschen Rechtswissenschaft überhaupt bezeichnet zu haben.

Einen anderen Fehler müssen wir gleich hier anreihen. Es scheint uns ein vielleicht den Deutschen überhaupt mit Recht vorgeworfener Fehler zu sein, zu sehr zu Verallgemeinerung, zu ich möchte sagen philosophischer Systematisirung hinzuneigen. Der Versicherungsvertrag, wie er heute faktisch ausgebildet vorliegt und im Ganzen wie im Einzelnen einer erschöpfenden rechtlichen Behandlung sowol seitens der Wissenschaft als seitens der Gesetzgebung erst harrt, ist sehr vielgestaltig und es geht ganz sicher nicht an, die Gestalt, welche er auf dem einen Gebiete angenommen hat, sofort auf ein anderes Gebiet zu übertragen. Die Lebensversicherung hat ihre eigene Gestalt ebensogut angenommen, als die Seeversicherung, und wenn auch letzterer ähnlich, so ist doch auch die Gestalt der übrigen Sachversicherungen, als Immobiliar- und Mobiliar-Feuerversicherung, Hagelversicherung u. dgl. wieder je für sich ein besonders nuancirtes Versicherungsgeschäft, und Aufgabe der Wissenschaft wie der Gesetzgebung ist es, allen diesen sachlichen bereits bestehenden Mannigfaltigkeiten und Verschiedenheiten auch einen technisch-rechtlichen Ausdruck zu geben, und vor nichts wird sich mehr zu hüten sein als vor dem Fehler, disparate Dinge unter einen Begriff zusammenzuwerfen. Beispielshalber wollen wir auf Eines besonders hinweisen. Es ist allgemein bekannt, zu welch ganz besonderen faktischen Instituten die Lebensversicherung geführt hat. Zusammenhängend mit der ganz besonderen Einfachheit gerade dieser Versicherung, und da hier das Ereigniss, welches die Zahlung der Versicherungssumme bedingt, besonders leicht nachweisbar ist, und hier von einem „Schaden“ (im engeren Sinn) nicht die Rede sein kann, sondern beinahe lediglich ein ganz gewöhnliches einfachst bedingtes Zahlungsversprechen vorliegt, — haben sich hier im Verhältniss zu den übrigen Versicherungsverträgen ganz abnorme Rechtsverhältnisse faktisch ausgebildet: es wurden die Policen verpfändet, verkauft, cedirt, indossirt u. dgl. Wie weit die Wissenschaft diese Umgestaltungen gut heissen und die Gesetzgebung den eingerissenen Gebrauch sanktioniren kann, ist erst noch zu entscheiden. So viel aber ist über allem Zweifel erhaben: etwas Unrichtigeres kann wohl kaum gedacht werden, als wenn man nun, dem alten Hange zur Systematik und Rechtsphilosophie nachgebend, diese ganz besonderen Gestaltungen bezüglich der Lebensversicherung auf die übrigen Versicherungsarten übertragen wollte.

Kehren wir nun endlich zu dem „Wesen des Versicherungsgeschäfts“ nach Endemann zurück.

Wir werden versuchen, den Gedankengang zu verfolgen, welcher schliesslich in den Satz gipfelt:

„Der Versicherungsvertrag ist ein blosses Geldgeschäft, ist ein Fixgeschäft (im Gegensatz zu Schadensersatzgeschäft).“

Wie bisher von allen romanistischen Rechtslehrern der gleiche Gang eingehalten worden ist, hat sich wie gesagt auch unser Autor diesem Brauche nicht nur überhaupt angeschlossen, sondern die Rechtsgeschichte sogar in einer keineswegs gleich allgemeinen Weise für die unmittelbare Gegenwart ausgenützt.

Er beginnt mit der Darstellung des römischen Rechts. Hier wurden als brauchbar nur die Vorschriften und Ansichten über foenus nauticum oder pecunia trajecticia vorgefunden. Die Eigenheit dieses Darlehens bestund nämlich darin, „dass der Darleiher keine Rückforderung hatte, wenn auf der „Linie zwischen zwei gegebenen Punkten der Zeit oder des Raumes der Er„borger Verlust von Schiff oder Ladung erlitt. l. 2, 4 Cod. h. t. (4. 38) l. 3 D. h. t. (22, 2*). Im Verlaufe kommt sodann die Frage zur Erörterung ob nicht schon in diesem römischen Vertrage bereits das heutige Fixgeschäft liege, oder vielmehr, wie es Endemann fasst, ob nicht ein fixer „Spielvertrag“ vorliege. Endemann neigt sich entschieden zur Bejahung. Scaevola habe zwar in l 5 pr. h. t. von einer Vergütung der Gefahr gesprochen („periculi pretium est“), allein diess habe er nur gethan, „um sich (theoretisch) gegen die aleatorische Natur, welche fast kaum zu bestreiten wäre, erklären zu können.“**) „Sichtlich hat (so sagt Endemann, vermeintlich der materiellen Anschauung Scaevola's folgend), das Seedarlehen zumeist nicht sowohl dem Bedürfniss der Schifffahrt nach Deckung gegen die Gefahr, als vielmehr in der That der — Neigung der Kapitalisten, Geld auf hohen Gewinn anzulegen, gedient. Sicher lag in der Gewinnsucht der Hauptreiz des Seedarlehens und ohne Zweifel dürfen wir dem von Alters her seit der athenienischen Seeherrschaft bis in die späteste byzantinische Epoche in voller Uebung befindlichen Geschäft gewaltige Dimensionen zuschreiben.“ ***) — Solchem Reize konnte kein Römer widerstehen. Man ersparte es sich daher auf die aleatorische Natur des Vertrags einzugehen. Uebrigens ist es (wie Endemann ganz richtig beifügt) ohnehin kaum möglich genau zu definiren und abzugränzen, was „aleatorisch“, d. h. verbotenes Spiel sei, und der römische Rechtsgelehrte hat nicht den Beruf verspürt, das sittliche Wächteramt zu übernehmen.“ ****)

*) Die citirte Zeitschrift von Goldschmidt Band IX S. 292.

**) S. 293.

***) S. 294. 295.

****) S. 295. 296.

Im weiteren Verlaufe kommt Endemann auf die — römische — Vertrags-Form zu sprechen und führt an, dass (nicht die Form der stipulatio*) sondern) die Form der Sponsio gegeben war, d. h. das darauf gerichtete Versprechen: eine bestimmte Summe für den Fall zu bezahlen, dass ein gewisses Ereigniss eintritt.**)

Obwohl nun, wie wir später sehen werden, Endemann an das römische Recht oder vielmehr zwar nicht an die Worte Scaevola's und an einige weitere „an die Assecuranz anstreifende" Stellen***) wohl aber an seine eigene Auffassung des römischen Rechts für die Gegenwart direkt anknüpft und das foenus nauticum als einen aleatorischen (Fix-) Vertrag vermittelst sponsio für den unmittelbaren Gebrauch herüber nimmt, sagt er am Schlusse der Darstellung des römischen Rechts doch geradezu, dass für das Assecuranzwesen im eigentlichen Sinne aus dem römischen Rechte, welches nicht einmal den Namen assecuratio gekannt habe, Nichts hervorzuholen sei.****) Freilich brauchte er die Constatirung des Mangels irgend welcher erschöpfender Bestimmungen über dieses ganze grosse Gebilde der Neuzeit zunächst lediglich dazu, um die grossen Römer von der Erfindung der Assecuranz (welcher Endemann offenbar selber nicht hold ist freizusprechen.†)

Wir wollen es, abgesehen von anderen Gründen, dem Leser ersparen, dem Verfasser auch in der nun folgenden, im gleichen Geiste durchgeführten Darstellung des „kanonistischen Rechts"††) in gleicher Ausführlichkeit zu folgen.

Was den hier behandelten Zeitraum betrifft, konnte Endemann der grösseren Zahl von gar zu bestimmt lautenden Stellen gegenüber denn doch selbst nicht leugnen, dass hier „als principielle Grundlage für das ganze Assecuranzwesen die Idee der reinen Entschädigung des objectiven Verlustes genommen und auch von der Gesetzgebung mit grosser Zähigkeit festgehalten wurde." Allein Endemann wirft das ganze Mittelalter zusammt dem kanonischen Rechte einfach über Bord. Er erklärt nämlich diese ganze Entwicklungsphase für eine ebenso verfehlte, — wie es u. a. auch jedes staatliche Wucherverbot sei. Gerade aber mit dem kirchlichen Wucherverbote hänge diese ganze Geschichte allein zusammen. „Es erklärt sich daher obige irrige Grundlage und jenes zähe Festhalten der Gesetzgebung aus den nothwendigen Rücksichten, die man, doctrinell wenigstens, dem Wucherverbote schuldig war." So fertigt Endemann, dessen Abfertigung des Verbots der aleatorischen Verträge im römischen Rechte wir oben schon gesehen haben,

*) S. 288.

**) S. 297.

***) (l. 10 Dig. V. O. l. 38, 45, 63, 129 eodem S. 297. 298.)

****) S. 298.

†) S. 299.

††) S. 301—327.

das ganze für die Begründung des Assecuranzwesens so ziemlich erst Bahn brechende Mittelalter zusammt dem kanonischen Rechte wörtlich ab!*)

In dem nun folgenden Abschnitte: Die Assecuranz der Neuzeit hebt Endemann vor Allem die schliessliche Aufhebung aller Wuchergesetze rühmend hervor und es versteht sich von selbst, dass auch alle Consequenzen gefallen sind, welche Endemann als mit den kirchlichen Wucherverboten seiner Zeit zusammenhängend ansieht. Das trifft natürlich auch das im kanonischen Rechte angeblich allein gelegene Verbot des wucherischen Fixgeschäftes. Von jetzt an ist das Assecuranzgeschäft auch in dieser Form gestattet und in dieser Form (wir anticipiren gleich die Krone mit welchem die grosse nun folgende Abhandlung (Bd. IX S. 511 bis S. 554 und Band X S. 242 bis 314) abgeschlossen wird) erscheint richtig verstanden das heutige Assecuranzgeschäft rechtlich ganz allein!

Der anfänglich schon vorhanden gewesene „Wucher" ist mittlerweile dadurch erst noch gesteigert worden, dass seit dem Ende des 17. und während des 18. Jahrhunderts die Assecuranz aus den Händen einzelner Privat-Assekuradeure in die Hände von Compagnieen überging.**) Von jetzt an beuten die grossen Societäten das Geschäft aus und drücken von nun an nur um so mehr auf das Publikum.***) „Welche Verdienste (richtiger Profite!) dabei „neben allen von denselben ihrer Behauptung nach erlittenen Bedrückungen „mit Steuern, Abgaben und Opfern an gemeinnützige Anstalten (was natürlich „eine Assecuranzgesellschaft beileibe nicht ist!) des Staates nebenbei doch „noch herauskommen — und zwar bei gut geleiteten Assecuranzgeschäften „noch herauskommen, das lehren die Dividenden gar mancher Assecuranz-„actien und die unglaublich, ja fast drohend anschwellenden Aufsparungs-„capitalien mancher Gegenseitigkeitsgesellschaften, — das lehrt die Menge „der jährlich neu entstehenden Unternehmungen! Die Assecuranz ist, das „geht daraus hervor, schon nach der regulären Calculation, welche die unbe-„dingte Leistung der vollen****) Versicherungssumme in Rechnung stellt, „ein recht lucratives Geschäft."*****)

So steht es nach Endemann und natürlich müssen ihm zufolge wenn auch nicht Verbote des Assecuranzvertrages (als eines Fixvertrages) getroffen so doch Mittel und Wege gefunden werden, um der Ausbeutung des armen Publikums einer- und der übermässigen Bereicherung der Assecuranzgesellschaften andererseits endlich ein Ziel zu setzen.

---

*) S. 327.

**) S. 521.

***) Bd. IX. S. 303.

****) Der Verfasser ereifert sich nämlich auch gegen jeden von den Assecuranzgesellschaften auf Grund von Ueberversicherung oder dgl. gemachten Abzug.

*****) Bd. X S. 3 3.

Freilich auch hier vermissen wir wieder eine geschichtliche Darstellung und statistische Zusammenstellung der faktischen Thatumstände, auf welche diese zweifelsohne schweren Anschuldigungen gegen die Assecuranzgesellschaften allgemein genug gegründet werden. Wir unsererseits glauben uns aber denn doch sogar einzelner Fälle zu erinnern, dass Assecuranzgesellschaften im Gegentheil zu Grund gegangen oder wenigstens weit entfernt von Prosperität sind. Doch wir wollen unserem Princip treu bleiben und auch hier der Geschichte keinen Einfluss einräumen. Es handelt sich ja eigentlich denn doch nur um die Darstellung des rechtlichen Wesens des heutigen Assecuranzvertrages!

Was dieses selbst betrifft, so wirft Endemann alle verschiedenen Assecuranzverträge zusammen und betrachtet sie wie mehrerwähnt sämmtliche als ein reines und fixes Geldgeschäft. Er definirt in diesem Sinne allgemein: „Versicherung ist derjenige Vertrag, durch welchen sich der Versicherer „gegen Entgelt (Prämie) verpflichtet, im Falle eines gewissen, im Vertrage „näher bestimmten Ereignisses eine bestimmte Summe zu zahlen.“ *)

Der Vertrag wird anfangs als „eine Art von Sponsion“, **) später geradezu als „formale Sponsion“ ***) getauft. All' das geschieht schon in dem ersten Theile der „dogmatischen Darstellung“, welcher von der Seeversicherung handelt, wenn auch beigefügt wird, „die Consequenzen würde man erst an der Lebensversicherung vollständig erkennen.“ ****) Im Abschnitt von der Lebensversicherung aber wird (und hier zum Theil nicht mit Unrecht) die wetteartige Fix-Natur †) und die „völlige Haltlosigkeit des Interessenbegriffs“ ††) aufs allerschärfste betont und der Satz formulirt: „durch den „Assecuranzvertrag verspricht der Lebensversicherer eine im Vor„aus bestimmte Summe. Er macht ein Summenversprechen oder „eine Sponsion.“ †††)

In seinen Schlussbetrachtungen, ††††) wo er zunächst einige von uns durchaus gebilligte allgemeine Sätze über Concurrenzfreiheit u. dgl. ausführt, †††††) räth unser Verfasser nicht etwa allein der Gesetzgebung sondern sogar den Versicherungsgesellschaften selbst, unter Anrufung ihrer Autonomie und der dadurch gegebenen Befugniss zur Statutenfestsetzung, mit der Abänderung der

*) S. 551.

**) S. 552. gegen mitten.

***) S. 553 unten.

****) S. 552 oben.

†) Bd. X. S. 274 fgg.

††) S. 286.

†††) S. 290.

††††) S. 300 bis 315.

†††††) Insbesondere wird auf S. 301 fgg. auch eine ausführliche Erörterung der Frage der polizeilichen Oberaufsicht der Staatsbehörden über das Versicherungswesen eingefügt.

bisher aufrechterhaltenen Natur des Assecuranzgeschäftes als einer auf Entschädigung des wahren*) Schadens abzielenden Geschäftes in die allein heilbringende und auch wissenschaftlich-theoretisch allein richtige Natur eines Fixgeschäftes schleunigst voranzugehen. Unser Autor meint, die Assecuranzgesellschaften sollten sich hiezu schon aus dem Gesichtspunkte der Concurrenz, an welcher es jetzt schon nicht fehle, bewogen fühlen. „Noch erfreu-„licher wäre es allerdings, wenn minder als die Intention, damit der Con-„currenz besser zu begegnen, die schlichte Ueberzeugung von dem, was man „dem Publikum gerechter Weise schuldig ist, zu solchen Massnah-„men leitete.“**)

So weit Endemann. Was unsere entgegenstehende Anschauung betrifft, so haben wir dieselbe bereits oben in der Form einer Einleitung zu vorstehender Berichterstattung über den grossen und unter allen Umständen verdienstlichen Aufsatz der Hauptautorität auf dem Felde des Assecuranzwesens implicit niedergelegt und wir können uns in unserer positiv dogmatischen Gegenaufstellung kurz fassen. Wir unsererseits halten vor allem an dem (auch von Endemann in seiner Schlussbetrachtung hervorgehobenen) Satz fest: „Jeder Versicherungsvertrag, gleichviel ob er die Lebensversicherung oder eine der unter sich wohl zu scheidenden Sachversicherungen betrifft, ist ein voll-„kommen rechtsgültiges und verbindliches Geschäft, bei wel-„chem Leistung und Gegenleistung lediglich nach dem Wil-„len der Contrahenten zu bestimmen ist.“***) Nach dem praktischen Stande des heutigen Versicherungswesens kann als der weitere allgemeine Satz nur der hingestellt werden: „Der Versicherungs-„vertrag ist ein zweiseitiger Vertrag, durch welchen sich der „Versicherer im Falle eines bestimmten Ereignisses zum Er-„satze des wahren Schadens, beziehungsweise was die Le-„bensversicherung betrifft, im Falle des Todes einer bestimm-„ten Person zur Zahlung einer gewissen Summe verpflichtet; „alles jedoch nur unter der Voraussetzung, dass das Ereig-„niss ohne ein bestimmtes Verschulden des Versicherten „oder was die Lebensversicherung betrifft des Bezugsberech-„tigten eingetreten ist.“

Im Einzelnen glauben wir hiezu für den Augenblick die positive Begründung nicht weiter ausführen und uns insbesondere bezüglich Beifügung der letzteren Beschränkung einstweilen lediglich auf die allgemein bekannten diessbezüglichen Cautelen sämmtlicher (wenigstens uns bekannten) Versicherungs-Policen berufen zu sollen.

Wir haben zum Schlusse nur noch auf die neueste Literatur hinzuweisen,

---

*) Vergl. S. 314 oben.

**) S. 314 unten.

***) S. 308.

um zugleich den Nachweis zu liefern, dass wir in dem Kampfe gegen die Endemannische Auffassung keineswegs allein stehen. Wir begnügen uns eine ebenso ausführliche als treffliche Abhandlung hervorzuheben, welche in dem 3. und 4. Hefte des I. Bandes Neue Folge des Archivs für Theorie und Praxis des Allgemeinen Deutschen Handels- und Wechselsrechts, herausgegeben vom Appellationsgerichtspräsidenten Dr. F. B. Busch *) erschienen ist. Der Aufsatz ist aus der Feder eines Mannes, welchem man bei seiner Berufsstellung jedenfalls das Zeugniss der vollsten Sachkenntniss nicht vorenthalten kann, nemlich des Bankconsulenten A. Gier in Gotha. **) Der Aufsatz ist betitelt: „Ueber Wesen und rechtliche Natur der Versicherung".

Gier präcisirt den Stand der Frage kurz und bündig ganz treffend: „Während bisher alle Rechtslehrer darüber einig waren, dass die Versicherung den Ersatz eines Schadens bezwecke und nur dieser den Inhalt des Assecuranzgeschäftes bilden könne, hat neuerlich Endemann das Versicherungsgeschäft zum puren Geld- oder Fixgeschäft gestempelt." ***)

Auf den näheren Inhalt dieses ausgezeichneten, ganz von dem, auch von uns oben als allein massgebend bezeichneten, praktischen, dem gegenwärtigen Verkehre entsprechenden Standpunkte ausgehenden Aufsatzes werden wir seiner Zeit zurückkommen. Hier müssen wir uns genügen lassen zu constatiren, dass wir uns in unserer eigenen im Vorstehenden entwickelten Ansicht im Allgemeinen mit Gier durchaus eins wissen. Nicht enthalten können wir uns, — zugleich um ein Beispiel anzuführen, in welcher Weise (welche Weise wir bereits oben hinlänglich angedeutet zu haben glauben) auch die Geschichte benützt werden kann, — ein Paar geschichtliche die nächste Vergangenheit betreffende Notizen auszuheben. Gier sagt nämlich u. a.: „Von den 24 deutschen Actien-Feuerversicherungsgesellschaften „ist es nur eine kleine Anzahl alter Gesellschaften, welche hohe Dividen- „den gibt, und der Gewinn dieser Gesellschaften stammt zum Theil aus der „nutzbaren Anlage der Fonds, insbesondere auch des Actiencapitals." ****)

Ferner: „Die grössten deutschen Gegenseitigkeitsgesellschaften, die Le- „bensversicherungs-Bank und die Feuerversicherungsbank zu Gotha, haben gar „keinen Reservefond; was sie von der Jahreseinnahme unter dem Titel „Prämienübertrag" und „Prämien-Reserve" für die folgenden Jahre zurück- „stellen, ist lediglich der auf die folgenden Jahre fallende, denselben nothwendig gebührende Antheil daran." *****)

Endlich was den Ersatz nur des wahren Werthes betrifft, so erzählt Gier speciell unter Bezugnahme auf die unter der Herrschaft des preussischen Landesrechts herausgebildeten Verhältnisse einen sehr bezeichnenden Vor-

*) Leipzig bei Arnold 1872.

**) l. c. S. 405—456.

***) S. 405 unten.

****) S. 427.

*****) S. 427 unten 428 oben.

gang aus der neuesten Geschichte des Brandversicherungswesens. Er sagt, auch in neuester Zeit sei die zu einer beliebigen Höhe versicherte Summe immer noch nach wie vor ohne Weiteres ausbezahlt worden, ganz als ob noch der alte Zustand bestanden hätte, gemäss welchem jede Ueberversicherung ausgeschlossen war.*) Trotz der später total veränderten Verhältnisse war man nämlich bei diesem Verfahren aus bureaukratischem Schlendrian gleichwohl stehen geblieben. Endlich aber kam man denn doch und zwar vor etwa 12 Jahren auf das Verkehrte dieses Verfahrens (vgl. die Conferenzverhandlungen der Vertreter der Preuss. Societäten von 1859 und 1867) und es wurde nun der Grundsatz der Schadensvergütung lediglich auf der Werthbasis zur Zeit des Brandes ganz ausdrücklich aufgestellt und den Vollzugsorganen streng eingeschärft.**)

Nicht versagen können wir es uns, zugleich um uns selbst hiemit durchaus einverstanden zu erklären, noch die Schlussgedanken des Gierischen Aufsatzes auszuheben: „Wir sind weit davon entfernt das Verhalten der Versicherungs„gesellschaften überall in Schutz zu nehmen. Der Missbrauch des einen Theils „darf nicht auch zu einem Missbrauch des anderen Theils führen. Das Ver„hältniss muss ein besseres werden. Die grössere Concurrenz hat schon ge„nützt und wird nach Beseitigung des Concessionssystems noch mehr helfen. „Auch die Reform der Beweistheorie, wie sie neuerdings für Schadenfälle „überhaupt angestrebt wird,***) werden dem Missbrauch auf beiden Seiten

---

*) Vergl. das Preuss. Seerecht v. 1727, die Preuss. A. O. v. 1766, das Preuss. Landrecht Thl. II Titel 8.

**) S. 430, wo auch die einzelnen Societäts-Reglements aufgeführt werden.

***) Der Entwurf der Deutschen Civilprocessordnung proponirt in §. 244: „Das Gericht hat unter Berücksichtigung des gesammten Inhalts der Verhandlungen und des Ergebnisses einer etwaigen Beweisaufnahme nach freier Ueberzeugung zu entscheiden, ob eine thatsächliche Behauptung für wahr oder „für nicht wahr zu erachten sei.“ §. 245. „Ist unter den Parteien streitig, ob „ein Schaden entstanden sei, und wie hoch sich der Schaden oder ein zu „ersetzendes Interesse belaufe, so entscheidet hierüber das Gericht unter Wür„digung aller Umstände nach freier Ueberzeugung.“ In den Motiven („Begründung“) ist hiezu S. 266 fg. folgendes bemerkt: Die Anforderungen, welche nach dem bisherigen Processrechte in der Mehrzahl der deutschen Rechtsgebiete an den Beweis eines Schadens gestellt wurden, haben die Schadensprocesse bisher zu den langwierigsten und verwickeltsten Rechtsstreitigkeiten gemacht und in zahlreichen Fällen zu dem Ergebniss geführt, dass Ansprüche auf Schadensersatz aus der Reihe der realisirbaren Ansprüche beinahe zu streichen waren. Der Entwurf hat in Uebereinstimmung mit dem französischen Rechte, dem Deutsch. Handels-G. B (A. 27), den Reichsgesetzen vom 11. Juni 1870 (§. 19) und 7. Juni 1871 (§. 6 und 7), endlich mit dem Votum des VI. deutschen Juristentages sowol die Entscheidung der quaestio quanti als auch der Vorfrage quaestio an dem freien Ermessen des Gerichts überwiesen. Nur was die Entscheidung der Frage, ob von vorneherein eine rechtliche Verpflichtung zu einer Schadensersatz-

„wesentlich steuern. — Bislang hat die Gesetzgebung in dieser und einigen „anderen Richtungen*) nur für die Seeversicherung gesorgt. Neuer„dings hat das Oberhandelsgericht in seiner Rechtsprechung durch eine der „Natur der Sache und des Vertrags entsprechendere Auslegung der Versicher„ungsbedingungen auch auf anderen Gebieten der Assecuranz zu reformiren „begonnen. Diese Reform kann indess der richterlichen Aufgabe gemäss „nur eine beschränkte sein. Die deutsche Reichsgesetzgebung ist „es, welcher die Aufgabe zugefallen ist, durch Aufstel„lung von auf Gerechtigkeit und Billigkeit beruhenden „Rechtsnormen auch für die anderen Zweige der Assecuranz „noch die Hauptsache zu thun."

---

leistung überhaupt bestehe, betrifft, sind die Thatsachen, auf welche diese Verpflichtung gegründet wird, ebenso wie die sonst bestrittenen Thatsachen nach den gewöhnlichen, zum Theil Beweisregeln enthaltenden, Vorschriften zu beweisen. Schon der Causalnexus aber fällt in das freie Ermessen des Gerichts.

„Gegen die Vorschriften des §. 245 (so fahren die Motive sodann wörtlich weiter) ist eingewandt worden, dass sie zur Abhilfe des Nothstandes der Schadensprocesse nur geeignet seien, wenn für die Liquidation eines erlittenen Schadens die **Civiljury** ein„geführt werde. Diesem Einwande kann aber (so meinen die Motive) ein „durchschlagendes Gewicht nicht beigemessen werden. Der Gesetzgeber „darf von der Erwartung ausgehen, dass der deutsche Richter mit Takt und „Sachkenntniss von dem ihm beigelegten weitreichenden Befugnissen den rech„ten Gebrauch machen wird." Vgl. übrigens die in Bayern bereits geltende Vorschrift des §. 330 der bayerischen Processordnung in bürgerlichen Rechtsstreitigkeiten.

*) Siehe S. 455 unten.

Inhalt des ersten Heftchens.

Erörterungen

aus dem Gebiete

des Assekuranzwesens

von

Dr. Ernst Bezold

kgl. bayer. Bezirks- und Wechselgerichtsrath a. D.

II. Heft.

München 1873.

Rudolph Oldenbourg.

Inhalt des zweiten Heftes.

V. Römisches Recht.

Im Römischen Rechte waren gewisse allgemeine Grundnormen zunächst für die Ausbildung der einen oder anderen Rechtsmaterie beinahe allein und ausschliessend massgebend und es muss als ein Vorzug des Römischen Rechts anerkannt werden, dass die einzelnen Rechtsinstitute keineswegs jedes für sich systematisch und casuistisch von A bis Z durchgeführt wurden, sondern dass sich dieselben auf gewissen allgemeinen Grundprinzipien gleichsam von selbst aufbauten und an der Hand des Verkehrs aus den durch das Bedürfniss gelegten Keimen und jenen allgemeinen Grundsätzen von selbst entwickelten. Es ist bekannt, dass zu der römischen Art der Rechtsentwicklung, mit welcher besonders die englische die grösste Aehnlichkeit hat, im schroffsten Gegensatze gewisse neuere Codifikationen stehen, unter welchen wieder das Preussische Landrecht die angedeutete entgegengesetzte Methode in consequentester Weise in Anwendung gebracht hat. — Eines jener durchschlagenden ich möchte sagen Grundelemente des ganzen Römischen Rechts bilden unter Anderem die allgemeinen Grundsätze über Zinsen.

Wir können nicht umhin des einen und anderen derselben hier etwas genauer zu gedenken.

Zinsen sind nach Römischem Rechte das Aequivalent für die Benutzung einer Quantität vertretbarer (fungibler) Sachen, welches Aequivalent der Schuldner dem Gläubiger aus irgend welchem Grunde zu leisten hat. Die Zinsverbindlichkeit beruht entweder auf einem ausdrücklich darauf gerichteten Rechtsgeschäfte (usurae ex obligatione) oder sie verbindet sich unwillkürlich mit einer Hauptverbindlichkeit (usurae officio judicis praestandae, „usurae legales") *)

Was nun die Höhe der Zinsen betrifft, so war bezüglich der ersteren Art der allgemeinste Grundsatz durchschlagend, nämlich der, dass der Wille der Contrahenten, wie im Vertragswesen überhaupt, so auch hier allein entscheide. Was für die gesetzlichen Zinsen die Vorschrift des Gesetzes festzusetzen hatte, das entschied bei den vertragsmässigen Zinsen der Wille, die Willkür der Contrahenten. Dieser freie Wille gab für die Zinsenhöhe das Ge-

*) Puchta Pandekten §. 227.

setz, wie ja der Vertrag überhaupt von den Römern ebenso hoch gestellt wurde als das Gesetz selber. Pactum legis vice.

Was die gesetzlichen Zinsen betrifft, so finden wir im Römischen Rechte eine höchst bewegliche nnd vielseitige Gestaltung, angepasst an die verschiedenen Lebens- und Verkehrslagen, in welchen sich das Bedürfniss verschieden nach der oder jener Zinsenhöhe mit einer Art von zwingender Nothwendigkeit fühlbar und geltend machte. So z. B. waren die Verzugszinsen für eine bereits richterlich festgestellte fixe Schuldsumme (usurae rei judicatae) auf 12 % gestellt*), auf 6 % die Zinsen, welche Geschäftsführer, Vormünder und Beamte von den zu ihrem eigenen Nutzen verwendeten Kapitalien der Geschäftsherren, Mündel und juristischen Personen zu entrichten haben, 4 % wegen Verzögerung eines zum Besten einer Gemeinde zu errichtenden Hauses, dann aus einem Heiratgutsversprechen und aus einem zurückzuerstattenden Heiratgut;**) 3 % endlich von einem zu restituirenden Vermächtniss.***)

Der regelmässige gesetzliche Zins war ursprünglich 12 % oder wie die Römer unter Annahme einer monatlichen Verzinsung es ausdrückten: 1 %, d. h. monatlich 1 vom Hundert (wörtlich Einhundertstel „centesimae usurae," foenus unciarium. †) Allmählig jedoch wurde eine Herabsetzung des Zinsfusses Bedürfniss und fand sodann dem entsprechend die Reduktion auf die Hälfte, auf 6 % („semisses usurae," foenus semunciarium d. h. ½ der centesimae usurae) statt. Wo Spezialbestimmungen für gesetzliche Zinsen, besonders Verzugszinsen, nicht getroffen waren, bestand demgemäss von nun an der Zins in Sechs vom Hundert.

Nachdem übrigens die Gesetzgebung überhaupt einmal die Bestimmung des Zinsfusses auf dem Felde der gesetzlichen Zinsen in die Hand genommen hatte, lag es schon an sich und abgesehen von grell auffallenden exorbitanten Ausschreitungen im Geldverkehr nahe, dass der Gesetzgeber auch den vertragsmässigen Zinsfuss ins Auge fasste. Es wäre aber sehr interessant, die wirthschaftlichen Vorgänge im Einzelnen zu kennen, welche die Gesetzgebung endlich veranlassten, in dieser Beziehung jenen Cardinalgrundsatz der Vertragsfreiheit zu durchbrechen und aus Rücksicht auf die Moral („bonos mores") dem Verkehre Fesseln anzulegen.††) Hier genügt es zu constatiren,

---

*) Ebenfalls 12 % l. 4 C. 8. 10.

**) auch nov. 22 c. 4 §. 7, c. 44 §. 4. nov. 2. c. 4.

***) l. un. §. 7 C. 5. 13.

†) Tacitus Annal. VI, 16. Livius II. 23 VI. 14. VII. 5, 16, 19, 27, 28, 42. XXXV 7. epit. 74. Dionys. VI. 58. Appian. B. C. I. 54.

††) Puchta sagt im III. Bande seines „Cursus der Institutionen" Bd III (1847) S. 25: „Schon früh hat sich die Gesetzgebung veranlasst gefunden, habsüchtigen Capitalisten, welche die Noth der Creditsuchenden zu übermässiger Steigerung der Zinsleistungen missbrauchen, durch Feststellung eines gesetzlichen Zinsfusses d. h. eines Maximums, das nicht überschritten werden soll, entgegen zu wirken.

dass die in der That verfügte prinzipiellste Beschränkung die war, dass für den vertragsmässigen Zinsfuss ein Zinsmaximum bestimmt wurde. Und zwar wurde das Maximum auch hier auf 12 % festgesetzt, welches jedoch später ebenfalls auf 6 % herabgesetzt wurde. *)

Diese Zinsbeschränkung auf 6 % bildete jedoch nur die Regel. Es wurden Ausnahmen statuirt, indem zunächst der alte Zinsfuss von 12 % für gewisse Ausnahmsfälle aufrecht erhalten wurde.

Solche Ausnahmen bestunden: bei unserem contractus trajecticii, **) dann bei Darlehen anderer Gegenstände als Geld.

Ferner wurde ausnahmsweis für Kaufleute und Fabrikanten ein Zinsmaximum von 8 procent gestattet.

Aber auch unter das regelmässige Maximum wurde herabgegangen. So wurden — aus endlich durchdringendem Anstandsgefühl — den Personen mit dem Range von Illustres oder noch höherem Range nur 4 % verstattet, ebenso der gleiche Zinsfuss allein bei Gelddarlehen an Landleute statuirt. ***)

Wir wenden uns jetzt dem so eben genannten contractus trajecticii selbst ausschliesslich zu. Ein irgendwie nach dem Systeme neuerer Codifi-

---

Vor Allem ist dies für den gewöhnlichsten Fall der Zinsverbindlichkeit, den Zinscontract (foenus) geschehen, aber auch auf andere Zinsen ist die Schranke erstreckt worden. Der Zinswucher spielt eine grosse Rolle in der politischen Geschichte Rom's und es macht auf unser Gefühl von Anstand und Würde keinen sehr günstigen Eindruck, wenn wir die älteste Aristokratie mit Schuldscheinen und Zinsrechnungen als Offensivwaffen gegen das übrige Volk ausrücken sehen. Eine grosse Versuchung allerdings lag in der alten Sitte, die das Handelsgewerbe des freigeborenen Bürgers unwürdig hielt; diese Sitte liess dem Reichen nur die Anlegung der Capitalien auf Zinsen und im Grundbesitz übrig. Beides wurde so hoch als möglich getrieben und im Grunde war das erstere das kleinere Uebel.“ Vgl. Ebenda Band I (1841) S. 201 ff. über die Lex Licinia.

*) Puchta Pand. §. 227 ff. vgl. Arndts Pandekten §, 207 ff. Seuffert Pandekten §. 231 ff. Brinz Pand. (1857) S. 581. Windscheid Pand. §. 371.

**) Nachdem Justinian in l. 26 §. 1 C. h. t. (4. 32) das Zinsmaximum auf 12 % festgesetzt hatte, bestätigte er nämlich im Nov. 106 das bestehende Gewohnheitsrecht, gemäss welchem der Gläubiger sich ausbedingen durfte und zwar für die Zeit der Seereise (nicht per Jahr!) entweder den 8. Theil des Capitals oder den zehnten Theil und ausserdem Zollfreiheit für einen modius Getreide auf je einen hingegebenen Solidus. Die Nov. 106 wurde zwar durch die Nov. 110 alsbald wieder aufgehoben. Allein diese letztere Novelle ist nicht glossirt und ebendesshalb bestünde für Deutschland wegen der Art der Reception des Römischen Rechts noch die Nov. 106 in voller Kraft. — Uebrigens ist das Ganze, praktisch gesprochen, heut zu Tage jedenfalls ein müssiger Streit, da gegenwärtig nach feststehenden gemeinrechtlichen Grundsätzen die Willkür der Parteien allein über die Höhe der Prämie überhaupt und bei Seedarlehen insbesondere entscheidet. Vgl. Windscheid Pand. §. 371 Anm. 9. (III. Aufl. Band II 1870 S. 369 und 370.)

***) l. 26 §. 1 C. h. t. (4, 32) Nov. 34. Vgl. die Lehrbücher an den ebencitirten Orten.

kationen erschöpfendes Gesetzescapitel, ein Digesten-Titel oder dgl. kann (wie dies jedoch in erschöpfender Allgemeinheit bei keiner Einzigen der sämmtlichen Rechtsmaterien des Römischen Rechts der Fall ist) nicht aufgeführt werden. Es war diess eben nicht römische Art. Und — die römische Rechtsprechung, an welcher sich freilich während der trübseligsten politischen Zeit, d. h. unter den späteren Imperatoren, die ausgezeichnetsten Köpfe betheiligten, war drum doch eine von allen späteren Jahrhunderten bewunderte! Man darf hiebei freilich nicht an heutige Richter denken, welche zum grossen Theile in Verzweiflung zu gerathen pflegen, wenn sie sich von dem casuistischen Landesgesetzbuch im Stiche gelassen oder nicht wenigstens in der Lage sehen für jedes Sätzchen ihrer Argumentation eine wohl oder übel passende Stelle aus dem Corpus juris sei es Romani oder Canonici allegiren zu können.*)

Obwohl es historisch ausser Zweifel gesetzt erscheint, dass das Seedarlehen im Römischen Reiche eine überaus grosse Ausdehnung gewonnen hatte, sind die Stellen, wie bei anderen ähnlich wichtigen Materien nur gar zu oft ganz in gleicher Weise, ebenso spärlich als kurz, so dass es kein Wunder ist, wenn heutige Rechtsgelehrte theilweise gerade das Umgekehrte herauslesen von dem, was nach dem Zeugnisse eines Puchta, Savigny und wie sie alle heissen die grossen Romanisten — die Römer selbst herausgelesen haben.

Wir nehmen uns die Mühe, die eine Hauptstelle herzusetzen. Sie findet sich in dem, das ganze Fundmaterial der Justinianischen Compilatoren zusammenstellenden Digestentitel de nautico foenere XXII. 2. (Im Codex ist der Titel IV. 33.) und lautet, als „lex" 5 getauft, wörtlich:

> Periculi pretium est, et si conditione quamvis poenali non existente recepturus sis quod dederis et insuper aliquid praeter pecuniam, si modo in aleae speciem non cadat; veluti ea, ex quibus conditiones nasci solent, ut „si manumittas, si non illud facias, si non convaluero" et cetera. Nec dubitabis, si piscatori erogaturo in apparatum plurimum pecuniae dederim ut „si cepisset, redderet," et athletae unde se exhiberet exerceretque ut „si vicisset, redderet." §. 1. In his autem omnibus et pactum sine stipulatione ad augendam obligationem prodest.

Was die Interpretation dieser Stelle betrifft, so enthält sie gewissermassen eine Ausdehnung des ursprünglichen foenus nauticum. Während dieses lediglich den Fall betraf, wo das Geld auf ein Schiff, welches eine Reise anzutreten im Begriffe ist, mit der Bedingung gegeben wurde, dass der Gläubiger nur dann ein Rückforderungsrecht haben solle, wenn das Schiff glücklich an seinem Bestimmungsort ankomme, — kann nach dieser Stelle der Vertrag überhaupt auf ein ungewisses Ereigniss und sogar auf ein solches gestellt werden, dessen Herbeiführung oder Nichtherbeiführung von der Willkür des Schuldners abhängt. Zum Beispiel auf den Fall, dass der Versicherte (dessen

*) Vgl. die Vorrede Bluntschli's zu seinem Deutschen Privatrechte. München 1853.

Vermögen von der noch längeren Dauer des Lebens des jetzigen Vermögensherrn wesentlich bedingt sein mochte) „nicht gesund wird," oder auf den Fall, dass der Versicherer „einen Sklaven, (an dessen Einbehaltung der Versicherte ein Interesse hatte) freilässt," oder dass derselbe „einen Sklaven (an dessen Freilassung der Versicherte ein Interesse hatte) nicht freilässt." Ferner Jemand gibt einem Fischer Geld zu einer Reise auf einen Fischfang oder auch auf einen in nächster Nähe zu betreibenden Fischfang, insbesondere zur Bestreitung der Reisekosten im ersten Falle oder in einem wie im anderen Falle zu den nöthigen Anschaffungen an Schiff und Netz, zu der Lohnung der Mannschaft u. dgl. und verzichtet auf die Rückgabe des Darlehens für den Fall, dass der Fischer nichts fangen sollte. Endlich es gibt Jemand einem Athleten Geld zu seiner Ausbildung und verzichtet auf die Rückgabe für den Fall, dass derselbe im Wettkampfe den Preis nicht gewinnen sollte.*) — Diese angebliche „lex" ist nichts anderes als ein Aperçu, als ein Rechtsgutachten, welches auf eine vorgelegte ganz spezielle, einem bestimmten Rechtsfalle zu Grunde liegende, Rechtsfrage als die bei Gericht producirbare Antwort von dem römischen Juristen Q. Mucius Scaevola ertheilt worden war. Cicero erwähnt gerade diesen Rechtsgelehrten öfter und führt ihn einmal als ein hervorragendes Beispiel an, um an seiner Thätigkeit anschaulich zu machen, wie die Jurisprudenz in Rom ganz anders als im unglücklichen damaligen Griechenland geübt wurde. Cicero sagt u. a. wörtlich**): Testis est hujusce Q. Mucii janua et vestibulum, quod in ejus infirmissima valetudine affectaque jam aetate maxime quotidie frequentia civium ac summorum hominum splendore celebratur. — Dieser Scaevola galt übrigens damals allgemein als der angesehenste Jurist seiner Zeit.***)

Ausser dem Rechtsgutachten des Scaevola fanden die Compilatoren für die Digesten nur noch eine grössere Stelle von Papinian und eine von Paulus. Noch kleiner ist der Schatz, welche im Codex aufgespeichert werden konnte, wo sich im Ganzen nur 4 kleine Gesetze finden, deren grösstes (unter Dioclet. und Maxim. „A. A. Juniae") den Satz ausspricht, dass von Demjenigen, welcher das periculum navigationis übernommen hat, anzunehmen ist, dass er die vom Schicksale bereitete, aber keineswegs die durch die Culpa des Debitors des Seedarlehens herbeigeführte Gefahr übernommen habe.

Kurz Alles was ein Puchta, welchem natürlich die Wichtigkeit des ganzen Assekuranzwesens für das heutige Rechtsleben nicht entgangen war, ****) aus dem gesammten uns irgendwie erhaltenen römischen Rechtsschatze über diese Materie herauszufördern vermochte, reducirt sich auf folgenden Beisatz zur allgemeinen Lehre vom Darlehen:

„Wenn der Gläubiger die Gefahr des Darlehens oder der dafür ange-

*) Vgl. Windscheid, Pandekten, III. Aufl. Band II (1870) S. 369 Anm. 8.

**) De Orat, I. 45.

***) Vgl. Puchta, Cursus der Institut. Bd I S. 424.

****) Siehe sogleich S. 53.

„schafften Waaren übernimmt, so kann die dafür bedungene Prämie die Höhe „der gesetzlichen Zinsen übersteigen, sei es Seegefahr, die übernommen „worden ist, (pecunia trajecticia, foenus nauticum) oder eine andere Gefahr „(foenus quasi nauticum), nur darf unter dem Schein dieser Assecuranz nicht „ein Spiel beabsichtigt sein.“

Etwas Weiteres hat Arndts,*) auch Seuffert, wenn dieser auch einen eigenen Paragraph aus dem foenus nauticum gemacht hat,**) oder von den Neueren Windscheid***) ebenfalls nicht herausgebracht.

Wir könnten damit unser Capitel schliessen, wenn uns nicht das Misstrauen, welches Endemann in die Wahrheitsliebe und Offenheit Scaevola's gesetzt hat,†) zwänge, die so eben nach Puchta beigesetzte Klausel etwas näher ins Auge zu fassen.

Was das Spiel betrifft und zwar in seiner allgemeinen sowohl Spiel als Wette in sich begreifenden Bedeutung, wäre es auch wieder culturhistorisch sehr interessant, die gesellschaftlichen Vorgänge im Römischen Reich im Einzelnen zu kennen, welche die Gesetzgebung veranlassten auch hierauf ihr Augenmerk zu richten und sie schliesslich veranlassten, statt den freien Willen der Contrahenten entscheiden und dem Satze seine Geltung zu lassen Volenti non fit injuria, diese Cardinalsätze für die Zukunft zu durchbrechen und mit einem wenigstens indirekten Verbote darein zu fahren, indem die Klage aus Spiel- und Wettverträgen für die Zukunft verweigert wurde.

Ohne diesem Verbote selbst näher zu treten, haben wir die s. g. Gewagten Geschäfte im allgemeinen, beziehungsweise die Geschäfte auf Bereicherung ins Auge zu fassen. Puchta in seiner unerreichten Weise sagt diesbezüglich in seinen „Vorlesungen“ Bd. II (1849) S. 79 § 258:

„Verträge können die Bereicherung des Einen einerseits und das „Aermerwerden des Andern andererseits als Resultat haben. Bei allen „Handelsgeschäften wird diese Möglichkeit eintreten. Sie sind dem „Erfolg nach gewagte Geschäfte. Aber dieser Erfolg kann auch in der „Absicht des Geschäftes liegen. Ist überdies Bereicherung und Verlust durch den Vertrag bestimmt festgesetzt, so ist der Vertrag eine Schenkung. Ist „aber der Erfolg, obwohl beabsichtigt, ins Ungewisse gestellt, so dass „es von einem ungewissen Umstande, von einem Zufalle abhängt, ob Gewinn

*) l. c. §. 283.

**) l. c. §. 313.

***) Pandekten §. 371. Eigenthümlich ist die Terminologie des Letzteren indem derselbe auch das foenus nauticum einen — „Glücksvertrag“ heisst. Freilich begreift Windscheid unter diesem allgemeinen Begriff sowohl solche Geschäfte, welche Glücksverträge sind, als solche, welche — keine Glücksverträge, d. h. „besondere Gestaltungen anderer Verträge sind, welche an und für sich keine Glücksverträge sind.“ Vgl Brinz, Pand. (1857) S. 581.

†) s. oben S. 38 ff.

„oder Verlust, und auf welcher Seite der eine oder der andere eintritt, so heisst „das Geschäft ein Gewagtes im juristischen Sinn.“

„Der Gegenstand eines solchen „Gewagten Vertrages“ heisst im Römischen „Recht alea (daher z. B. aleam emere, wenn bei dem Kaufvertrage eine solche „Ungewissheit festgesetzt wird). Es ist ein Ungewisses, welches entweder „Gewinn oder Verlust sein kann je nach dem zu erwartenden Ereigniss.“

„Sehr verschiedenartige Geschäfte können auf diese Weise geschlossen „werden: ausser dem Kauf das Darlehen und Geschäfte, welche nicht unter „den Begriff eines materiell bestimmten Vertrags fallen.“

„Die rechtliche Beurtheilung eines solchen „Gewagten Ge-„schäftes“ hängt von dem Motiv ab, welches dem Vertrage zu Grunde „liegt, von dem Zweck, der dadurch erreicht werden soll. Hiernach lassen „sich folgende Fälle unterscheiden:

1. Das Gewagte Geschäft ist nur **Mittel für einen anderen Zweck**, bei dem es nicht auf einen Gewinn abgesehen ist, sondern nur auf **Erhaltung des Vermögens**, und wobei die Wagniss nur durch die objective Ungewissheit herbeigeführt wird.

   Dahin gehören die Assekuranzverträge.

   Hier wird die Prästation eines künftigen Zufalls übernommen gegen eine Prämie, welche gezahlt wird. Die Prämie ist die bestimmte, die Prästation des Zufalls eine ungewisse Leistung.*)

   Ebenso wie die Assekuranzverträge gehören auch die Ausspielgeschäfte unter Umständen hierher, ferner ebenso Verkäufe künftiger Sachen und zwar sowol das pactum spei als das pactum rei speratae.**)

   „**Alle diese Geschäfte**, so fügt Puchta ganz allgemein ausdrück-„lich bei, **sind vollkommen verbindliche Geschäfte.**“

   Die Wagniss beeinträchtigte — wohlgemerkt nach Römischen Recht — **ihre Wirksamkeit nicht.** ***)

2. Wohl zu scheiden von den soeben aufgeführten Fällen sind nun aber die zweite Reihe Gewagter Geschäfte. Hier ist nämlich „das Gewagte Geschäft, bei welchem Gewinn oder Verlust von einem ungewissen Umstand abhängig gemacht wird, rein um seiner selbst willen geschlossen, so dass also die **Wagniss nicht** Mittel zum Zweck, sondern

*) Puchta lässt hiebei die auf Gegenseitigkeit gegründeten Versicherungen ausser Betracht. Obiges ist übrigens leider Alles, was derselbe über das Assekuranzgeschäft sagt, weil er sich nur auf das Römische Gemeine Recht beschränkt, und das Germanische Gemeine Recht den Germanisten überlassen zu müssen glaubte. Er fährt daher an dieser Stelle wörtlich fort: „Die speziellen Arten der Assekuranzverträge gehören in das deutsche Recht.“ S. 80 Vgl. auch Windscheid l. c.

**) Das Nähere s. bei Puchta l. c. S. 80.

***) Wozu hätte es also bei Scaevola der eines römischen Juristen immerhin unwürdigen Intrigue bedurft, die Gültigkeit der Assecuranzverträge nur einzuschmuggeln und an dem gesetzlichen Verbote der Spiele und Wetten dolo malo vorüberzuschleichen? Endemann hat diesen Vorwurf gegen den trefflichen Scaevola allein zu verantworten!

selbst Zweck ist, und auf beiden Seiten die Hoffnung des Gewinnes allein das Motiv der Handlung bildet. Aus **diesen Verträgen** (Wetten und beziehungsweise Spiele als Complexe von Wetten) entsteht nach Römischen Recht regelmässig **keine** Obligation. Die reine Lust am Wagniss wollte vom Römischen Gesetzgeber hinfort als eine causa obligationis nicht mehr betrachtet werden."

Wir unsererseits haben diesen Ausführungen Puchta's kein weiteres Wort beizufügen.

VI. Deutsches Recht.

Einleitung.

Es würde uns, auch wenn es uns möglich wäre, hier jedenfalls zu weit führen, wenn wir auf das älteste deutsche Recht, die Volksrechte der ältesten Zeit („leges" im germanistisch-technischen Sinne) und die übrigen ältesten Rechtsquellen zurückgehen wollten. Ebendesshalb muss auch dahin gestellt gelassen werden, welche Aenderungen im Einzelnen in den frühesten diessbezüglichen Zuständen durch das später eindringende Canonische Recht herbeigeführt worden sind.

Das Canonische Recht hatte das Zinsennehmen überhaupt verboten, und die Zinsgeschäfte für ungültig und als „Wucher" erklärt und demgemäss sagte auch z. B. die Glosse zum Sächsischen Landrechte B. 1. A. 4: „Merke aber, „was Wucher sey, nemlich alles das, so ein man mehr einnimpt oder aufhebt, „denn er ausgeliehen hat, und das er ihm solches zuvor also bedingt hab." — Uebrigens hatte das Canonische Recht selbst sowol die Forderung auf das Interesse wegen widerrechtlich verzögerter Zahlung von Geldschulden als die Erkaufung einer unaufkündbaren Rente durch Hingabe eines Kapitals, welches den Kaufpreis für dieselbe bildete, ausdrücklich als erlaubt und rechtsgültig erklärt.*) — Als die Glaubens-Reformation eintrat, war es in die Hand der Protestanten gelegt, ob sie überhaupt dem Zinsverbote des Canonischen Rechtes sich fügen wollten oder nicht. Indess wagten sie vor Ende des mit dem westphälischen Frieden schliessenden Zeitraumes noch nicht, in Gemässheit der neueren Anschauungen über den Geldverkehr im allgemeinen und das Darlehen insbesondere die Zinsverbote des Canonischen Rechtes sofort direkt bei Seite zu setzen. Auch die Reichsgesetze hiel-

---

*) Siehe de usuris X 5. 19; in VI — 5. 5. Clem. 5. 5. cap. 9 X de arbitris. Luther nahm zwar an letzterer Ausnahme Anstand, allein auch nach protestantischem Kirchen-Rechte erscheint dieselbe von Anfang an aufrechterhalten. Böhmer jus eccl. lib. V. tit. 19.

ten noch an jener älteren Praxis fest. Sämmtliche Reichspolizeiordnungen erklärten noch den Gültkauf für das einzige Geschäft, wodurch Zinsen versprochen werden könnten.*) Mit 100 fl. Capital sollten 5 fl. Zins erkauft werden dürfen.**) Eben diesen Zinsfuss bestimmte der Deputationsabschied von 1600 für die Verzugszinsen.***) Die Gewohnheit, d. h. die im friedlichen, aussergerichtlichen Verkehre vom Volke selbst gepflogene Rechtsübung, wie sie in protestantischen Ländern aufgetaucht und allgemeiner geworden war, führte wohl zuerst zu Geschäften, in welchen nun die Form der Gültverschreibung offen umgangen wurde, und welche, ohne von einer — unaufkündbaren — Gült irgend zu sprechen ein directes Zinsversprechen für ein (rückzuzahlendes) Darlehen enthielten. Auch die Gerichte folgten allmählig der vorausgegangenen Rechtsübung des Volkes nach und stützten sich nun, statt, wie sie hätten thun können und sollen, der Rechts-Gewohnheit selbst die Kraft eines Gesetzes beizulegen, auf — das Römische Recht. Einzelne Landesgesetzgebungen gingen noch specieller auf das Römische Recht zurück, so z. B. die Mecklenburgische Polizeiordnung von 1572,†) die Constitution des Herzogs von Braunschweig von 1617,††) welche die römisch-rechtlichen 6% gestatteten.

Zu Anfang des an den westphälischen Frieden sich schliessenden Zeitraums hatte jene Rechtsgewohnheit sich schon so weit über ganz Deutschland, die katholischen Territorien inbegriffen, verbreitet und so allgemeines Ansehen erlangt, dass nun auch die Reichsgesetzgebung nicht länger Anstand nahm das kirchliche Recht bei Seite zu lassen. Auch die Reichsgesetze betrachteten nunmehr die Gültigkeit directer Zinsversprechen als ausgemacht. Zur Erleichterung der Schuldner, welche im dreissigjährigen Kriege Verschreibungen ausgestellt hatten, hielt man sich für ermächtigt die darin versprochenen Zinsen, gleichviel ob aus den alten Gültkäufen oder den neuen Darlehen herrührend, anzuerkennen, nur setzte man sämmtlich auf die 5% der Reichsgesetze herab.†††) Bei diesem Zinsfusse als Zinsmaximum wurde denn nun auch von den Landesgesetzgebungen, ohne Rücksicht auf das Römische Recht, zumeist stehen geblieben.††††)

Im Uebrigen jedoch und abgesehen vom Zinsfusse haben bei solchem Gange der Verhältnisse die Bestimmungen des Römischen Rechts, dessen Reception um diese Zeit ja längst eine vollendete Thatsache geworden war, wieder Anwendbarkeit in Deutschland erhalten.[1])

---

*) R. P. O. 1530 tit. 26; 1548 tit. 17; 1577 tit. 17; D. A.: 1600 §. 35.

**) R. P. O. 1530 tit. 26 §. 8; 1548 tit. 17 §. 8; 1577 tit. 17 §. 9.

***) D. A. 1600 §. 139.

†) §. 3 bis 5.

††) Corp. Const. Calenb. tom. 2 p. 620.

†††) R. A. 1654 §. 174.

††††) Deutsche Staats- und Rechtsgeschichte von K. Fr. Eichhorn. §. 377, 450, 573.

[1]) Arndts Pand. §. 210. Puchta Pand. §. 229.

Die Theorie der deutschen Juristen des 17. Jahrhunderts erkennt keinen Unterschied mehr zwischen dem Rentenkauf und dem Darlehen („mutuum cum stipulatione usurarum") an, betrachtete es aber als einen Gegenstand der besonderen Gesetzgebung, ob ein Gläubiger sich höhere Zinsen als die reichsconstitutionsmässigen 5 % bedingen dürfe. *) Nicht allein durch einzelne Landesgesetzgebungen sondern auch überall durch Rechtsgewohnheit waren bei Darlehen unter Kaufleuten und bei Wechselschulden 6 % statthaft geworden. Vor Allem aber galten die reichsgesetzlichen Bestimmungen über das Zinsmaximum von 5% nicht bei allen Geschäften, wo versprochene Zinsen eine Prämie für übernommene Gefahr enthalten.**)

Das Assekuranzwesen hatte von Anfang an einen eigenthümlichen, von der Geschichte des Zinswesens an sich verschiedenen Weg eingeschlagen und war auf dem betreteen Wege, unbeirrt von den anderweiten Einengungen des Verkehrs seitens der Gesetzgebung, consequent vorgeschritten. Freilich von der Entwicklung der rechtlichen Theorie war wohl Jahrhunderte lang so gut wie keine Rede. Das Bedürfniss hatte um das 14. und 15. Jahrhundert in den Niederlanden oder auch in Italien zunächst Seeassekuranz-Gesellschaften ins Leben gerufen und unter ausdrücklicher oder stillschweigender Gestattung des Staats gaben die von denselben offerirten und von den Versicherungsnehmern acceptirten Verträge und die nach und nach ausgebildeten Statuten der Gesellschaften allein Mass. Höchst wahrscheinlich knüpften dieselben an die im Römischen Reiche gemachten Erfahrungen an und es kann wohl nicht gefehlt haben, dass wenn einmal der eine oder andere Fall streitig geworden und vor das Forum der Gerichte gezogen war, auch bei der Rechtsprechung an das Römische Recht angeknüpft wurde. Man muss aber wohl im Auge behalten, dass bei der Natur der vorzugsweise auf Treue und Glauben basirten, mit den grossen kaufmännischen Interessen untrennbar verknüpften Institute wohl von beiden Seiten die Intercession der damaligen Gerichte bei ihrem in jenen Jahrhunderten mehr als problematischen Zustande beiderseits möglichst vermieden wurde, wenn auch hie und da einmal ein Fall zu Streit Veranlassung gegeben hätte. Ebenso ist nie aus dem Auge zu verlieren, dass gerade damals auch in Deutschland das Römische Recht zur Reception gelangte und dass hier, wie übrigens auch in den germanischen Rechten, der Cardinalgrundsatz obenan stund, dass im Allgemeinen die contrahirenden Theile und ihr Wille allein über den Inhalt von Rechtsgeschäften entscheide, ferner dass eine Bevormundung, wie sie zum Theile das Kirchenrecht durchführte, hier nicht zum Durchbruch gekommen und ebensowenig noch von staatspolizeilichen Uebergriffen die Rede war.***)

*) Mevius, von Wucherlichen Contracten. Cothmann, Responsa Kind. quaest. for.

**) Eichhorn, Einleitung in das deutsche Priv. R. §. 109. Arndts Pand. §. 210 Anm. 3.

***) Vgl. über die historische Entwicklung des Assekuranzwesens ausser dem schon citirten grossen Aufsatze Endemanns (s. oben S. 33) dessen vortrefflichen Aufsatz in der Deutschen Vierteljahrs-Schrift 1865 Heft 4 S. 97 bis 130.

Die Entwicklung des Rechtsinstituts war daher zunächst dem Verkehre allein anheimgegeben und sie war auch demgemäss eine höchst allmälige, lediglich dem langsam fortschreitenden Bedürfniss nachgehende.

Eichhorn und Mittermaier.

K. Frdr. Eichhorn behandelt*) unter dem Gattungsbegriff „Gewagte Geschäfte" als Ziffer 2**) die Assekuranz und definirt dieselbe indem er sagt:

„Für eine Vergeltung (Prämie) kann jede Art von Gefahr übernommen „werden, welche an sich einen Dritten trifft, sofern eine solche Versicherung „(Assekuranz) in Beziehung auf bestimmte Gegenstände nicht untersagt ist." ***)

C. J. A. Mittermaier hingegen steckt den Begriff weiter und sagt:

„Versicherungsvertrag ist der Vertrag, wodurch Jemand gegen eine be- „stimmte Vergeltung sich verpflichtet, einen Andern für einen bestimmten „Schaden oder den Entgang eines gewissen Gewinns zu entschädigen, „insoferne der Nachtheil durch ein ungewisses zufälliges Ereigniss begründet „wird."†)

Als wichtigste Arten führt Eichhorn auf: die Feuerversicherung, die Lebensversicherung, die Seeassekuranz, und betrachtet sodann im Einzelnen lediglich die letztere, welche wir unsererseits gerade an diesem Orte nicht in Erörterung ziehen wollen.

Mittermaier, welcher die Seeassekuranz als die „ursprüngliche Art des Vertrags" bezeichnet, zählt bereits††) als weitere Hauptarten auf: Lebensversicherung, Feuerversicherung, Hagelversicherung, Viehversicherung.

In seiner allgemeinen dogmatischen Darstellung gibt er hierauf die Hauptgrundsätze an, welche er nach der Allgemeinheit und Uebereinstimmung, wie er sie in sämmtlichen ihm vorgelegenen Erkenntnissquellen eines gemeinen deutschen Rechtes niedergelegt fand, als geltendes gemeines deutsches Recht erklärt.

An die Spitze stellt er den Satz: Der Vertrag ist zwar ein aleatorischer (ein gewagtes Geschäft) allein es ist anerkannter Grundsatz, dass er nicht ein Mittel des (blossen) Gewinns sein und (dadurch) in eine Wette übergehen darf."

Als Schlussfolgerung aus diesem Hauptsatze zieht er zunächst folgenden weiteren Satz:

„Es soll nur der wahre Werth der zu versichernden Sache zu Grunde gelegt werden."

---

*) Einleitung in d. D. Pr. R. §. 111 III. Auflage 1829 S. 314.

**) Ziff. 1 bildet der Spielcontract, Ziff. 3 der Bodmereicontrakt, 4. das Leibgeding und damit schliesst Eichhorn die Gewagten Geschäfte.

***) Vgl. Preuss. L. R. Thl. 2 Tit. 8 §. 1952.

†) Vgl. Oesterreich. Ges. B. §. 1288.

††) V. Auflage seiner „Grundsätze des gem. deutsch. Privatrechts" 1838 S. 686.

Jedoch glaubt er zunächst etwaigen die Regel der Vertragsfreiheit zu sehr beengenden Engherzigkeiten der Rechtsanwendung entgegen treten zu müssen, und fügt sogleich ausdrücklich bei: es sei soweit dieser Grundsatz nicht verletzt werde (besser wohl: so lange nicht auf der Gegenseite bestimmt dargelegt werde, es habe in einem vorliegenden Falle eine Verletzung des Grundsatzes wirklich und nachweisbar stattgefunden, insoweit sei — von Amtswegen —) die Höhe der Versicherungssumme nicht zu beanstanden. „Es hängt die Bestimmung, wie hoch der Versicherte den Gegenstand versichern will, wenn kein Landesgesetz und beziehungsweise wenn kein Statut eine Einschränkung macht, von der Verabredung der Contrahenten ab.“

Mittermaier räumt aber der Vertragsfreiheit in dieser Beziehung den grösstmöglichen Spielraum überhaupt ein und geht hierin wohl unter Verletzung des von ihm selbst an die Spitze gestellten Grundprinzips entschieden zu weit, was wir übrigens einstweilen lediglich angedeutet haben wollen. Er lässt nämlich gestützt auf die Vertragsfreiheit auch Doppelversicherungen im Allgemeinen zu und hält sie nur dann für ungültig, wenn ein spezielles Landesgesetz, das gemeine Recht einschränkend, die Doppelversicherungen verbietet. Er befindet sich in dieser Beziehung im Widerspruch mit Eichhorn, welcher wenigstens bei der Seeassekuranz den allgemeinen Satz als gemeines Recht erklärt, dass bei mehreren Versicherungen nur die erste rechtlich wirksam sei. Eichhorn beruft sich dabei auch auf das Grundprinzip, es müsse ja eine wirkliche Gefahr assekurirt werden, die Gefahr höre aber mit dem Momente auf Gefahr zu sein, wenn ihr Betrag bereits durch die erste Versicherung gedeckt sei.*)

Die Vergütungspflicht fällt nach Mittermaier dann weg, „wenn der Schaden durch den Versicherten absichtlich oder durch sein grobes Verschulden (culpa lata) gestiftet wurde.“

Als allgemeine Verpflichtung des Versicherten, d. h. also ganz abgesehen davon, ob dieselbe in die speciellen Vertragsstipulationen ausdrücklich aufgenommen worden ist oder nicht, stellt Mittermaier sodann den weiteren Satz auf: „Der Versicherte muss die Umstände, welche auf den Entschluss des Versicherers, auf das fragliche Assekuranzgeschäft einzugehen, Einfluss haben, und die der Versicherer zu wissen verlangt, gewissenhaft ebenso angeben, wie die wesentlichen Veränderungen, die mit dem versicherten Gegenstand vorgingen.“

Volle Treue setzt ja überhaupt jedes „Gewagte Geschäft“ doppelt voraus, und es muss daher auf die bona fides gerade hiebei das grösste Gewicht gelegt werden. Wird sogar schon bei dem Kaufvertrage, trotzdem dass man den überall üblichen Anpreisungen der eigenen Waare den weitesten Spielraum lässt, eine gewisse Offenheit über wesentliche Mängel als wesentliche Vorbedingung der Gültigkeit und Bindendheit für den Käufer anerkannt, um wie viel

*) Einleitung §. 114 und Anm. k. In der Anmerkung schliesst Eichhorn das Missverständniss aus, als ob er hiebei irgendwie den Fall vor Rückversicherung im Auge habe, welche natürlich etwas ganz Anderes ist.

mehr ist dies nach der Natur der gedachten Rechtsgeschäfte überhaupt und des Assekuranzgeschäftes insbesondere erst hier der Fall!

Mittermaier zieht daher aus dieser allgemeinen wesentlich im Institute gelegenen Anforderung u. a. auch folgenden Satz: „Wusste der Versicherte zur Zeit des Vertrages schon, dass die Gefahr eingetreten sei, so macht sein Schweigen den Vertrag ungültig.“ *)

Bluntschli.

Wenden wir uns, nachdem wir soeben Eichhorn und Mittermaier als Repräsentanten der früheren gemeinrechtlichen Anschauung vorgeführt haben, zu dem — nach unserer Ueberzeugung — Hauptrepräsentanten der modernen gemeinrechtlichen Anschauung, zu Bluntschli.**) Derselbe behandelt in dem dritten Buch, welches „das Recht der Forderungen und Schulden“ enthält, in dessen IX. Capitel die „Versicherungsverträge.“ ***)

Seine Definition oder vielmehr Charakterisirung lautet wie folgt.

„Das Geschäft ist ein wesentlich gegenseitiges. Der Versicherer übernimmt die Gefahr eines dem Versicherten drohenden Schadens †) und verspricht seinerseits für diesen Fall eine Entschädigung; der Versicherte bezahlt als Gegenleistung dafür Jenem zum voraus eine Prämie. — Die Versicherungsverträge sind zwar „Gewagte Geschäfte,“ indem sie in Gewinn und Verlust von einem ungewissen Ereigniss abhängig gemacht sind, aber sie haben einen durchaus sittlichen Zweck, indem sie die äussere Gefahr des Unglücks, welches den einzelnen Betroffenen niederzudrücken droht, auf eine grössere Verbindung ausbreiten und mit gemeinsamer Kraft Diesem die Last tragen helfen. Sie unterscheiden sich dadurch von den „Glücksverträgen.“††)

---

*) Eichhorn sagt (eod. §. 114), allerdings auch wieder nur bei der von ihm allein näher behandelten Seeversicherung,: „Damit der Versicherer den Umfang der Gefahr beurtheilen könne, welchen er übernehmen soll, ist die Angabe der Umstände, von welchen sie abhängt, daher auch die Anzeige, dass der versicherte Gegenstand der Gefahr bereits ausgesetzt wurde, bei Schliessung des Geschäftes erforderlich. Das Unterlassen kann nach Verschiedenheit der Verhältnisse Ungültigkeit des Geschäftes nach sich ziehen oder nur den Uebergang gewisser Arten der Gefahr auf den Versicherer verhindern.“ Letzteres fällt übrigens bei der Assekuranz im Allgemeinen, nämlich bei allen Arten der Assekuranz mit einziger Ausnahme der Seeassekuranz naturgemäss wohl ohnehin von selbst weg.

**) Deutsches Privatrecht. Erste Auflage 1853/54. Zweite 1859. Beide in München. Dritte (besorgt von Felix Dahn) 1864 in Würzburg.

***) §. 140, 141. Erste Aufl. S. 23 bis 133.

†) Ueber den „Schaden“ bei Lebensversicherungen s. l. c. S. 125.

††) In der III. Auflage ist mit Rücksicht auf das mittlerweile erschienene Deutsche Handelsgesetzbuch die Darstellung des Handelsrechts ausgeschieden und nebst dem Wechselrechte als II. Abtheilung des „Rechts der Forderungen und Schulden“ (von Felix Dahn) besonders behandelt worden. Während in der I. Abtheilung der Spielvertrag und die Wette unter der gemeinsamen Capitelsüberschrift „Glücks-

Wir sehen, schon Bluntschli findet es nöthig, ich möchte sagen in das innerste Motiv und den innersten Gehalt des Instituts selbst einzugehen, und zwar ganz mit Recht, denn gerade darin ruht die wesentliche Differenz von allen übrigen Geschäften. Wir können nicht umhin, den einen von Bluntschli präcis angeregten Gedanken unsererseits hier etwas näher auszuführen zu suchen.

Wir verhehlen es nicht. Es leitet uns hiebei eine gewisse Absicht. Zur Zeit jedenfalls als Bluntschli seine Erste Auflage erscheinen liess, bestund unseres Wissens noch nicht entfernt eine Voreingenommenheit gegen das Institut oder wenigstens gegen die Gesellschaften, welche das Assekuranzwesen in Deutschland in der Hand haben und naturgemäss in der Hand haben müssen.

Es ist also schon desshalb gewiss, dass Bluntschli ganz objectiv und ohne jede Absichtlichkeit, geschweige Animosität jene Sätze niederschrieb. Die Verhältnisse haben sich mittlerweile leider geändert und zwar (man möge uns diesen ganz persönlichen Beisatz zu Gute halten) in ein Paar Jahren, in welchen wir durch Gesundheitsverhältnisse abgehalten waren die Sache zu verfolgen, in einem so exorbitant hohen Grade, dass wir bei Wiederaufnahme unserer Studien über den plötzlichen grellen Umschlag nicht nur im höchsten Grade erstaunt waren, sondern geradezu oft unseren Augen nicht mehr trauen wollten. Es fällt uns nicht ein, auf die Erscheinung und auf ihre Quellen im Einzelnen einzugehen. Aber die Thatsache ist unleugbar und gilt in den irgendwie betheiligten und in die Verhältnisse eingeweihten Kreisen als ausgemacht und zweifellos, dass die — merkwürdiger Weise auf das isolirte Gebiet des Assekuranzwesens streng lokalisirte — Voreingenommenheit, ja ein förmliches Odium gegen die Gesellschaften besteht, — ein Odium wie solches in gleichem Grade in allerneuester Zeit selbst gegenüber dem „Gründerthum" nicht wahrzunehmen ist. Es fällt uns nicht ein, die Versicherungsgesellschaften in Schutz nehmen zu wollen, wo ihnen Chikane und Verfolgungen gegen die Gottlob in Deutschland denn doch noch im Allgemeinen die Seele des Verkehrs bildende bona fides, gegen Treue und Glauben zur Last zu legen ist. Es kann ja pro more humano nicht fehlen, dass auch auf dieser Seite betrübende Erscheinungen zeitweise zu Tage treten. Allein selbst angenommen, diese schlimmen Erfahrungen bildeten geradezu die Regel, rechtfertigt es sich, das Rechtsinstitut selbst, bei welchem sie als der eine Contrahent auftreten, mit Hass und Verachtung zu behandeln? Wir haben hiebei natürlich nicht die Gesetzgebung im Auge. Wir sind auch überzeugt, die Erfahrung, welche die Kirchengesetzgebung und ihr nachtretend zum Theil die mittelalterliche deutsche Reichsgesetzgebung und beinahe bis auf die neueste Zeit herab die deutschen Landesgesetzgebungen mit dem Experimente des Zins-

verträge" abgehandelt werden, sind die Versicherungsverträge in die II. Abtheilung und zwar unter die „Handelsgeschäfte" (Capitel 5) eingereiht. Der frühere Bluntschli'sche Text ist jedoch unverändert geblieben. Jetzt sind die §§. 110 und 141 zu §§. 161 und 162 geworden.

verbotes und der Zinsbeschränkungen gemacht haben, wird eine hinlängliche Warnung vor jeder gehässigen, ich möchte sagen das Kind mit dem Bade ausschüttenden legislatorischen Behandlung des Assekuranzwesens in der Zukunft bilden. Allein was die Rechtsanwendung, geschweige die rechtswissenschaftliche Behandlung des Instituts betrifft, so wagen wir kaum zu viel, wenn wir den jetzigen Zustand als noch nie dagewesen erklären.

Wir wissen uns es sehr wohl aus unserem eigenen Richterleben zu erinnern, dass es nicht menschenmöglich ist, bei Beurtheilung des einen oder anderen Rechtsfalls, gleichviel ob er vor den Schranken des Strafrichters oder auf dem glatteren Parkett der Civiljustiz spielt, das Gemüth zum Schweigen zu bringen. Ja wir wissen es, dass es den englischen Richtern, unter welchen wir die grössten Vorbilder für die ganze moderne Rechtspflege verehren zu müssen glauben, nicht einfällt, es zeitweise auch nur zu verbergen, wie sehr ihr Gemüth da und dort afficirt war, und dass sie in Ansprachen an Beschuldigte sowohl als an Sachwalter und Civilparteien in der Kundgabe sittlicher Erregung oft so weit gehen, dass über solches Gebahren einzelnen deutschen Richtern zeitweise die Haare zu Berg stehen könnten und dass man sie oft zu Moralpredigern, den Gerichtssaal zur Kirche umgewandelt glaubt. Allein davon haben wir uns noch nie überzeugt, dass in England die sittliche Entrüstung und überhaupt die sittliche Erregung Einfluss auf die rechtliche Beurtheilung des Falles und auf die Rechts-Entscheidung selbst geübt hätte.

So menschlich immerhin der Fehler wäre, — ein englischer Richter würde diess für eine seines hohen Berufes geradezu unwürdige Verirrung halten, ja es gibt wohl keinerlei Fehler, vor welchem er sich ängstlicher hütet als gerade vor diesem. Wir wissen ferner, dass auch in der deutschen Rechtsprechung, besonders seit die Sonne der Oeffentlichkeit und Mündlichkeit belebend und ermuthigend in alle deutschen Gerichtssäle fällt, die sittliche Erregung keineswegs immer nur in die Brust der Richter verschlossen wurde, sondern dass auch sie, sowol der vorsitzende Richter für sich allein sofort mündlich, als das Richtercollegium in den Entscheidungsgründen, zeitweise den vollsten und schärfsten Tadel über sittliche Missstände aussprechen. Allein himmelweit natürlich ist hievon verschieden, dem Gemüthe einen Einfluss auf die Entscheidung einzuräumen, Gemüthsaffekte an die Stelle der Verstandesfunktion, Moral an die Stelle von Gesetz und Recht treten zu lassen. Unbeugsamkeit des Rechts, gleichviel ob in einem Falle die rechtlich gebotene Entscheidung noch so weh thun mag, ist und bleibt oberster Grundsatz für die Rechtsprechung.

Das Wesen des Rechts, nicht das Pathetische des Falls hat zu entscheiden.

Kehren wir nach dieser langen Abschweifung zum Wesen des Rechts bei dem Assekuranzgeschäfte zurück!

Bluntschli erblickt in dem Assekuranzgeschäfte einen sittlichen Zweck. Täuscht er sich hierin nicht? Ist der Zweck nicht ein wirthschaftlicher?

Wir unsererseits möchten uns für Letzteres entscheiden, obwohl am Ende freilich die Wirthschaft eines Volks mit der Moral des Volks untrennbar verbunden ist. — Einem Widerspruch zu begegnen darf man heut zu Tage in der ganzen civilisirten Welt nicht fürchten, wenn man behauptet, Assekuranzen seien eine wirthschaftliche Nothwendigkeit, und so ich möchte sagen in Fleisch und Blut des ganzen Volks übergegangen, dass man Jeden dafür selbst verantwortlich macht, wenn er durch Nichttheilnahme am Assekuranzwesen in Schaden kommt. Selbst das Mitleid, geschweige opferbereite christliche Beihülfe pflegt man zu versagen, wo ein durch Unglück Getroffener den Schaden desshalb allein zu tragen hat, weil er es versäumt hat, sein Gut gegen die nun eben eingetretene Gefahr rechtzeitig zu versichern. Den Nebenmenschen vor Schaden zu bewahren, haben jetzt eben — die Assekuranzgesellschaften übernommen!

Man sollte diess Alles **nie** vergessen. Allerdings das Motiv, aus welchem der einzelne Actionär sein Geld zur Gründung und beziehungsweise zur Fortführung einer Assekuranzgesellschaft beigeschossen hat und beischiesst, ist, regelmässig wenigstens, kein anderes, als — bei allen anderen Unternehmungen des Capitals. Man will sein Capital möglichst gut und sicher angelegt und verzinst haben. Allein das ändert an dem Zweck des Assekuranz-Instituts als solchen nichts. Dieser ist und bleibt wirthschaftlich ein ebenso wohlthätiger als hoher, und Assekuranzgesellschaften als die Träger des Instituts sind und bleiben für das wirthschaftliche Wohl des Volks heut zu Tage absolut unentbehrlich.

Sehen wir jetzt aber davon ab, ob man den Zweck für einen sittlichen oder volkswirthschaftlichen zu erklären hat, und betrachten wir obige Charakterisirung des Assekuranzwesens durch Bluntschli*) weiter, so sagt derselbe, der nähere Zweck des Instituts bestehe darin: „eine äussere Unglücksgefahr auf eine grössere Verbindung auszubreiten und mit gemeinsamer Kraft dem einzelnen Betroffenen die Last tragen zu helfen.“ — Obwohl wir selbst einverstanden sind, glauben wir doch zur Ausschliessung von Missverständnissen, welche nahe liegen, unsere eigene Ansicht näher ausführen zu sollen. Es wäre nämlich nach unserer Ansicht unrichtig, wenn man bei dieser Charakterisirung vorzugsweise an die auf Gegenseitigkeit gegründeten Assekuranzen dächte. Dieselben bilden nach ihrem faktischen Vorkommen die verhältnissmässig seltene Ausnahme und es ginge schon desshalb nicht an, aus ihren Eigenschaften die allgemein auf die Assekuranzen anzuwendenden Sätze ziehen zu wollen. Noch weniger statthaft erscheint dies, wenn man die rechtliche Natur der Geschäftsarten ins Auge fasst. Die auf Gegenseitigkeit gegründete Assekuranz ist ihrem ganzen Wesen nach so durchaus eigenthümlich und von den anderen Assekuranzen verschieden, dass es sogar angezeigt ist, sie von den „Assekuranzen“ (im engeren uud eigentlichen Sinne) überhaupt gänzlich auszuscheiden. Es stellen sich diese Gegenseitigkeitsverträge in der That nur als eine besondere Art der gewöhnlichen Gesellschaftsverträge dar, nämlich dahin gerichtet, zeitweise einen eingetretenen

*) S. oben S, 59.

Schaden durch die auszuschlagenden Beiträge der Gesellschaftsmitglieder zu decken. *)Von einer Prämie im eigentlichen Sinne, welche als ein Essentiale des Assekuranzvertrages aufgefasst werden muss, **) ist hier von vorneherein keine Rede. Jedenfalls verlangen die Gegenseitigkeitsgeschäfte eine von den übrigen Assekuranzgeschäften gänzlich verschiedene Behandlung. Wir haben bei Entwicklung der allgemeinen Grundsätze daher immer auch nur die letzteren im Auge. Was nun aber den Endzweck betrifft, so treffen allerdings die Assekuranzen und die Gegenseitigkeitsgeschäfte unter sich nicht nur zusammen, sondern es scheint sogar die volkswirthschaftliche Tendenz in den Gegenseitigkeitsgeschäften reiner ausgeprägt und die Absicht der Contrahenten auf den wirthschaftlichen Zweck selbst unmittelbarer gerichtet als bei den Assekuranzgeschäften. Allein im entscheidenden Wesen besteht keinerlei Verschiedenheit. Das Wesen ist nichts anderes als die Solidarität, vermittelst welcher volkswirthschaftlichen Nachtheilen begegnet werden will, und in dieser Beziehung herrscht bei Gegenseitigkeitsgesellschaften und bei den Assekuranzen die vollste Gleichheit. Bei den Gegenseitigkeitsgesellschaften stehen die einzelnen Gesellschafter zusammen für den Schaden des Einzelnen ein, bei den Assekuranzgesellschaften wirken das Betriebs-Capital der versichernden Gesellschaft oder ausnahmsweise etwa sogar eines Einzelnen, welcher für sich allein ein Versicherungsgeschäft unterhält, und die eingezahlten Prämien aller Versicherten zu dem gleichen Endzwecke zusammen.***) Ohne dass die Gegenseitigkeitsgeschäfte hier mit einer gewissen Betonung hereinzuziehen wären, ist daher obiger allgemeiner Satz, dass die Assekuranzen Ausbreitung der Gefahr auf eine grössere Verbindung und Theilung der zu tragenden Last bezwecken, für allgemein richtig zu erklären.

Der Staat sowohl in seiner verwaltenden als gesetzgebenden Eigenschaft hat angesichts der im Vorstehenden erörterten Bedeutung, ja Nothwendigkeit des Assekuranzwesens für die Volkswirthschaft — allen Grund das Institut zu fördern und alle Hindernisse, welche seinem Gedeihen entgegenstehen, zu beseitigen.

Insbesondere wird das Augenmerk dahin zu richten sein, dass der Kreis der Gegenstände, welche gegen Gefahr versichert werden können, immer noch

*) Es macht hiebei rechtlich keinen Unterschied, ob sich 1000 Leute anfänglich nur verabreden, die innerhalb eines Jahres erlittenen Schäden der einzelnen vom Unglück betroffenen Mitglieder etwa am Schluss des Jahres auf alle Gesellschaftsmitglieder zu repartiren, oder ob die 1000 Leute gleich von Anfang an, um schon innerhalb des Jahrs zur sofortigen Schadensdeckung parate Mittel zu schaffen, bestimmte Einlagen zusammen schiessen, so dass am Jahresschlusse lediglich Rechnung und Gegenrechnung zu pflegen ist. Vgl. Endemann in der Vierteljahrschrift l. c. S. 115 ff. über die Gothaer Gegenseitigkeitsgesellschaft.

**) Vgl. oben S. 53 mitten und Anmerkung *), und S. 57, endlich S. 59.

***) Vgl. denselben Aufsatz Endemanns in der Deutschen Vierteljahrsschrift 1865 Heft 4 S. 97 ff besonders S. 114, 115, 124, 137 — Ende.

mehr erweitert, die Gefahren, welche der Volkswirthschaft irgendwie und irgendwo drohen, durch Assekuranzen menschenmöglichst beseitigt, d. h. vermögensrechtlich unschädlich gemacht werden.*)

Was die Gerichte betrifft, so darf auch hier der Staat seine Hände nicht lediglich in den Schooss legen. Er muss insbesondere durch eine entsprechende Gerichts-Organisation und Besetzung dafür sorgen, dass durch die Constituirung des über Assekuranzsachen urtheilenden Gerichts, durch Beiziehung von Sachverständigen, welche auf diesem Gebiete (wie auf wenig anderen im gleichen Grade) nicht entbehrt werden können, eine Gewähr für eine Rechtssprechung geboten werde, welche das objective Recht ungebeugt aufrecht erhält und mit der Aufrechterhaltung des Rechts auch den Fortbestand des Rechtsinstituts selbst ermöglicht, — eines Rechtsinstituts, welches wie nicht leicht ein anderes von strenger Aufrechthaltung des objectiven Rechts in seiner Existenzmöglichkeit bedingt ist.

Der Staat wird auch ferner gerade bei diesem Institute, wie nur vielleicht bei nur noch ein Paar weiteren, die Schiedsgerichte möglichst zu begünstigen haben. Wir nehmen keinen Anstand einen Grund hier gleich anzureihen. Nach unserer Ueberzeugung wird es für den Staat mit grossen Kosten verbunden sein, Gerichte mit der vorhin bezeichneten Eigenschaft zu organisiren und erhalten. Jede Entlastung muss ihm desshalb willkommen sein.

So viel zur Charakterisirung des Assekuranzgeschäftes und seiner Anforderungen an den Staat.

Was die Perfektion des Assekuranzvertrages betrifft, so bemerkt Bluntschli, dass „regelmässig" schriftliche Form vorausgesetzt werde und fährt dann fort:

„Dem Inhalte nach müssen die Contrahenten sich geeinigt haben,

1. über die Gefahr, um deren willen die Versicherung verlangt und zugesagt wird,
2. über den Versicherungswerth,
3. über die Versicherungsprämie.**)"

Ueber den Vertragsabschluss durch Dritte gelten die allgemeinen Grundsätze und sind, wenigstens bisher, im Gemeinen Deutschen Rechte, besondere Grundsätze speziell für das Assekuranzwesen nicht entwickelt worden Es ist dieser Umstand zu beklagen. Wir selbst sind zwar ebenfalls der Ansicht, dass nur die allgemeinen Rechtsgrundsätze anzuwenden sind, allein es wäre höchst wünschenswerth, dass diese Grundsätze in ihrer speciellen Anwendung auf das Assekuranzwesen bis in die äussersten Gonsequenzen und zwar gesondert für seine einzelnen Zweige durchgeleitet und dargestellt wor-

*) Vgl. Endemann in der Vierteljahrsschrift l. c. S. 138.

**) Weiteres s. unten bei Prämienzahlung S. 67.

den wären. Denn gerade diese in gewisser Beziehung mit der Uebertragbarkeit und Uebertragung der Forderung des Versicherten auf Dritte (s. unten S. 68) zusammenhängende Materie mit ihren allgemeinen alle Vertragsformen umfassenden Grundsätzen ist eine der allerschwierigsten, welche es wohl überhaupt geben kann. Abgesehen davon dass die Entwicklung des Römischen Rechts in dieser Beziehung nur eine sehr allmälige war, und dass wegen der Verschiedenheit dieser Phasen des Römischen Rechts in den verschiedenen Entwicklungsperioden die römische Rechtswissenschaft sich nur schwer mit dieser ganzen Materie abzufinden vermochte, so dass sich gerade hier ein reiches Controversenfeld gebildet hat, — hat in gewisser Beziehung das Deutsche Handelsgesetzbuch eine einer Revolution nicht unähnliche Umgestaltung oder wenigstens Modificirung der modernen Rechtsanschauung auch für das Gemeine deutsche Recht faktisch im Gefolge gehabt. Die Natur der Sache bringt es aber mit sich, dass der Assekuranzvertrag so gut wie immer durch Mittelspersonen abgeschlossen werden muss. Dass daher die Materie gerade für das Assekuranzwesen wichtig und ihre Unsicherheit in der Anwendung vorzugsweise für das Assekuranzwesen verhängnissvoll ist, liegt auf platter Hand. Kein Wunder, wenn es die Schwierigkeit der Materie wäre, welche das eine und andere Urtheil auf Abwege führte.

Dieser Punkt, auf welchen wir noch oft zurückkommen werden und welchen wir seiner Zeit zum ausschliesslichen Vorwurfe einer besonderen Erörterung machen werden, ist ganz ohne Zweifel auch derjenige, welcher unter allen übrigen dringenden am dringendsten eine wenn auch einstweilen nur fragmentarische legislatorische Nachhülfe zu verlangen scheint. Möge das preussische Justizministerium in seiner Eigenschaft als provisorisches Reichsministerium vor Allem hierauf das Auge gerichtet halten!

Gegenstand der Versicherung „sind zunächst Sachen oder andere Dinge von Vermögenswerth.“ *)

„Einleuchtend ist, (so sagt Bluntschli im weiteren Verlauf) dass bei diesem Vertrage in ganz besonderem Masse Wahrhaftigkeit und Treue erfordert werden, sowohl beim Abschluss als beim Verfolg.**) Insbesondere darf die Sache nicht über ihren Werth hinaus versichert werden, überhaupt der Versicherte „„nicht auf seinen Schaden speculiren.““***)

Was die Folge der Ueberversicherung betrifft, so getraut sich Bluntschli nach den ihm vorliegenden Erkenntnissquellen des heutigen Gemeinen

*) Bluntschli l. c. Erste Aufl. Bd II S. 124.

**) S. 126.

***) S. 124. Was speziell die Ueberversicherung betrifft, so erklärt Bluntschli ihre Unerlaubtheit als schon desshalb selbstverständlich, weil „die Versicherung nur den Zweck hat, die Gefahr abzuwenden und den Schaden zu vergüten.“

Rechts nicht die Unverbindlichkeit der ganzen Versicherung auf Seite des Versichernden anzunehmen, sondern gesteht dem Versicherer nur das Recht zu, bevor der Schaden eintritt, Herabsetzung der Versicherungssumme auf das richtige Mass zu verlangen. Nur im Falle doloser Ueberversicherung schreibt er dem Versicherer das Recht zu, nach dem Eintritt des Schadens (unter Zurückbehaltung der Prämie) die Bezahlung der Versicherungssumme zu verweigern. *)

Gemäss der dem ganzen Institute zur besonderen Grundlage dienenden „Wahrhaftigkeit und Treue" (s. soeben) „darf der Versicherte und zwar sowohl bei dem Abschluss des Geschäfts als im Verfolge (bei etwa sich ergebenden irgend wesentlichen Veränderungen**) weder unwahre Angaben machen, noch Erhebliches verschweigen, damit nicht dadurch der Versicherer zu einer ihm ungünstigen Versicherung missleitet werde." ***) Was die Folge der Verletzung dieser Pflicht betrifft, so erklärt Bluntschli, dass dieselbe unbedingt in dem Verluste des Rechtes auf Entschädigung neben dem Verfalle der Prämie besteht.

Ja Bluntschli nimmt keinen Anstand, die gleiche Folge auch für die Fälle des Versicherungsabschlusses durch eine Mittelsperson eintreten zu erklären. Auch in dem Falle, wenn nur dem Stellvertreter die Verschuldung der Unwahrheit zur Last fällt, hat der Versicherte die gleichen Folgen zu tragen, als wenn er selbst sich der Unwahrheit schuldig gemacht hätte.

Zusammenhängend mit der eben erwähnten Verpflichtung des zu Versichernden zur Wahrheit ist auch die weitere Pflicht desselben, „keine Veränderungen vorzunehmen noch vornehmen zu lassen, durch welche den Voraussetzungen des Vertragsabschlusses zuwider die Gefahr vergrössert oder herbeigeführt wird. Wenn sich unvorhergesehene Vorfälle der Art ohne sein Zuthun ereignen, deren Kenntniss für den Versicherer nützlich ist, ist diesem schleunig Anzeige zu machen." †)

Ist endlich der Schaden wirklich eingetreten, so ist „auch hiervon dem Versicherer ohne Verzug Kenntniss zu geben." ††)

Bei Vernachlässigung der einen wie der andern Pflicht treffen den säumigen Versicherten wieder ganz die gleichen Nachtheile,

*) Ueber die besonderen Verhältnisse bei der Lebensversicherung s. l. c. S. 125.

**) S. sogleich.

***) Auf Seite des Versicherers folgt hieraus, dass er z. B. kein Versicherungsgeschäft mehr eingehen darf, wenn er zufällig, was dem zu Versichernden noch verborgen geblieben ist, erfahren hat, dass die Gefahr, um deren Willen die Versicherung nachgesucht wird, bereits vorüber ist. Bluntschli l. c. S. 126 Ziff. 5.

†) §. 140 Ziff. 6.

††) eodem.

wie bei Vernachlässigung der Wahrheitspflicht bei dem Vertragsabschluss. Er verliert den Anspruch auf die Schadensvergütung nebst der Prämie.

Was die Prämienzahlung betrifft, so wird die Police nur gegen Zahlung der (ersten) Prämie ausgehändigt. Wenn Schriftlichkeit zur Gültigkeit des Versicherungsvertrags vorausgesetzt wird, dürfte die Perfektion des Vertrags (vgl. oben S. 64) überhaupt erst von diesem Momente an anzunehmen sein. Bluntschli spricht sich hierüber selbst nicht aus. Dass übrigens unter allen Umständen die Perfektion des Vertrags erst von diesem Momente an dann anzunehmen ist, wenn in den Vertragsbedingungen sei es nun mündlich oder schriftlich dies ausdrücklich stipulirt ist, ist so selbstverständlich, dass kein weiteres Wort darüber gesagt zu werden braucht,

Was sodann die weiteren wiederkehrenden Prämien betrifft, so steht nur so viel gemeinrechtlich fest, dass bei eintretendem Saumsale des Versicherten dieser Verzugszinsen zu entrichten hat. *) Dass aber selbst ein noch so langes Versäumniss der Prämienzahlung den Verlust des Anspruchs auf die Schadenvergütungssumme oder der einbezahlten Prämie zu Folge habe, geschweige dass beide Straffolgen zusammen eintreten, steht nach dem Zeugnisse Bluntschlis gemeinrechtlich nicht fest. Unter diesen Umständen würde also bei etwaigem Schweigen der Vertragsstipulation nichts übrig bleiben als die gemeinrechtlichen allgemeinen Grundsätze über zweiseitige Verträge, beziehungsweise über die Condiktionen zur Anwendung zu bringen.

Praktisch ist jedoch diese Frage, welche wir übrigens trotz der Bestimmtheit der Behauptung Bluntschlis noch immerhin für zweifelhaft erklären möchten, ohnehin nur in untergeordnetem Grade, da in den Versicherungsverträgen ausdrückliche Festsetzungen über diesen Punkt nirgends vergessen zu werden pflegen. Dass aber natürlich wenn jene Folgen in dem Vertrage ausdrücklich aufgenommen sind, diese Bestimmung zu gelten hat und von jedem Richter respektirt werden muss, ist wieder so selbstverständlich, dass jedes weitere Wort überflüssig wäre.

Was endlich die Verpflichtung des Versicherers betrifft, so besteht sie nach Bluntschli **) in Folgendem. Er sagt wörtlich:

„Der Versicherer ist verpflichtet, den um der übernommenen Gefahr willen (?) wirklich eingetretenen ***) Schaden zu vergüten, unter Umständen die Versicherungssumme zu bezahlen. Ist die Sache nicht um dieser Gefahr willen (?) sondern aus anderen Mängeln oder in Folge einer anderen Gefahr, welche bei dem Vertragsabschluss nicht mitbegriffen war, untergegangen, so haftet

*) §. 140 Ziff. 6.

**) l. c. Ziff. 7.

***) Diese Worte sind unverändert aus der Ersten Auflage in die beiden späteren übergegangen. Ueber den Sinn kann kein Zweifel sein.

der Versicherer nicht. Er haftet auch nur innerhalb der Zeitfrist für welche er die Gefahr übernommen hat. Die Schätzung des Schadens wird gewöhnlich durch unparteiische Sachkundige ermittelt und ist innerhalb der Versicherungssumme ohne Verzug zu vergüten. Würde sich aus später bekannt gewordenen Umständen ergeben, dass der Schaden nicht so gross war, als vorausgesetzt worden, so erfordert es die Aequitas, dass der Versicherte, insoweit er dadurch ohne Grund zum Nachtheil des Versicherers bereichert würde, diesem den Ueberschuss wieder erstatte."

Einen höchst schwierigen Punkt berührt Bluntschli am Schlusse dieses Allgemeinen Theils über das Versicherungsrecht und legt Sätze nieder, welche wir unsererseits in voller Allgemeinheit keineswegs für unbedingt richtig erachten könnten. Es betrifft diess nämlich die so überaus bestrittene Frage der Uebertragung des Versicherungsrechts auf Dritte (wohl zu scheiden von dem Vertragsabschluss durch Dritte, oben S. 64) Wir haben uns schon früher*) gelegentlich darüber ausgesprochen, dass wir es für irrig halten, den einen und anderen etwa bei der einen Gattung von Versicherungsverträgen feststehenden Satz beliebig zu verallgemeinern und auf die andern etwa noch so verwandt scheinenden Gattungen zu übertragen, indem wir uns besonders gegen eine solche Herübernahme der bei dem Lebensversicherungvertrage eingerissenen Rechtsgewohnheiten gewehrt haben. Wir werden auf diesen Punkt seinerzeit in einer besonderen Erörterung zurückkommen. Für den Augenblick ziehen wir vor, lediglich die Ansicht Bluntschlis zu constatiren. Er sagt wörtlich: **)

„Die Forderung auf die Versicherungssumme ist „„in der Regel““ übertragbar. Wenn aber Sachen versichert sind, so kann diess nur geschehen in Verbindung mit der Uebergabe der Sache selbst zusammt der Police. Bei persönlichen Forderungen ferner nur mit der Uebertragung der Police und immer nur so, dass der Versicherer dem Nachfolger des Versicherten alle Einreden entgegenstellen kann, welche ihm, bis er die Uebertragung erfahren, gegen diesen zugestanden wären. Mit anderen Worten die Police ist zu einem Werthpapier geworden."

Auf den Schluss dieses Allgemeinen Theils haben wir uns einen von Bluntschli gelegentlich der Anzeigepflichten des Versicherten angefügten Gedanken verspart,***) welcher für das ganze Versicherungsrecht in gleicher Weise gilt. Freilich müssen wir besonders hier daran erinnern, dass der Ausspruch aus dem Jahre 1854 stammt, und dass er, wie übrigens auch das Gesetz, Gewohnheitsrecht und beziehungsweise alle wissenschaftliche Theorie selbst, davon ausgeht, dass die richterliche Rechtsanwendung eine dem hohen Richterberufe ent-

---

*) S. 37.

**) l. c. Ziff. 8.

***) l. c. Ziff. 5 in fine.

sprechende, von persönlichem, beziehungsweise parteilichen Voreingenommenheiten freie ist, dass die Entscheidungen in keiner Weise von irgend welcher Vorliebe für die eine Seite der Contrahenten, etwa das s. g. Publikum, oder von Hass gegen das „Capital“ und dessen Vertretung beeinflusst werden, vielmehr pflichtgemäss gefällt werden — sine ira et studio.

Bluntschli sagt:

Der Richter muss sich „bei Auslegung der Statuten und Angaben des Versicherten — wie des Versicherers — (letzteres fügen wir bei) vor einer kleinlichen Genauigkeit hüten. Es darf nur wirklich Erhebliches in Betracht kommen.“

Ist diess überhaupt für die deutschen, durch das heutige Römische Recht auf einen eigenthümlichen Weg gerathenen, Richter in aller und jeder Beziehung ein goldener Spruch, welchen sich Jeder über sein Bett hängen sollte, so gilt der Spruch gerade auf dem Gebiete des Assekuranzwesens doppelt und dreifach. Wie das ganze Versicherungswesen auf Treue und Glauben gestellt ist, so ist diess auch gegenüber dem Richter der Fall. Er muss unter möglichster und ich möchte sagen liebevoller Kenntniss seiner Gegenwart, besonders aber des um ihn waltenden Welt- und Kleinverkehrs, ganz so wie seiner Zeit die grossen Römischen Juristen als Schöpfer einer musterhaften Jurisprudenz und an ihrer Spitze amtsmässig der Prätor, — die Aequitas verstehen und nach ihren Grundsätzen dort Lücken ergänzen, wo solche Gesetz, Gewohnheit und Verträge gelassen haben mögen; wo aber Verträge vorliegen, muss er sich hüten, in kleinlicher Silbenstecherei nach neurömischer Weise und diametral verschieden von jener alten Weise zu deuteln, oder gar gegen die offenbare wie Jedem so auch ihm leicht erkennbare Intention des Vertrags seine höchst persönlich „ideelle“ oder „moralisch zwingende“ Rechtsanschauung, welche er sich etwa aus dem „Heutigen Römischen Rechte“ geholt hat, zur souveränen Geltung zu bringen, um als Entscheidungsgrund, wenn man der Sache auf den Grund sieht, eben doch nichts mehr und nichts weniger anzugeben als: „sic volo, sic jubeo!“ Hoffen wir übrigens, dass wenn auch die Aufrichtung des Norddeutschen Bundes und des Deutschen Reiches jedenfalls keine Besserung gebracht hat, doch der deutschen Reichsgesetzgebung gelingen wird, eine durchgreifende Besserung in zwingenderer Weise anzubahnen, als diess bei dem jetzigen Rechtszustande möglich zu sein scheint.

Uebrigens verkennen wir am allerwenigsten, wie unendlich schwierig nicht nur zur Zeit und ehe die Reichsgesetzgebung ihrer dringenden Pflicht nachkommt, sondern immer und unter allen Umständen für jedes Gericht, selbst den obersten Handelsgerichtshof nicht ausgenommen, die Rechtsanwendung gerade auf dem Gebiete des Assekuranzwesens ist und bleibt, und nicht nur wir werden aus allen diesen Gründen zum Schluss aufs Neue auf den Gedanken der **Schiedsgerichte** *) nothwendig hingeleitet, sondern selbst Bluntschli im Jahre 1854 hat schon wörtlich Folgendes gesagt:

*) Vgl. oben S. 8 und 64.

„Die Streitigkeiten aus Versicherungsverträgen eignen sich vorzüglich zum schiedsrichterlichen Verfahren, theils weil ohne schnellen Entscheid der Zweck der Versicherung grossentheils vereitelt würde, theils weil eben hier ein billiges und freies Ermessen der Umstände unentbehrlich und ein formelles Beweisverfahren verderblich ist."

Kommen aber dennoch Fälle zur Beurtheilung der Gerichte, so wird von Bluntschli als frommer Wunsch beigefügt, dass auch für sie jenes freie billige Ermessen — ebenfalls gelten solle!*)

VII. Deutsches Handelsgesetzbuch.

Das Handelsgesetzbuch enthält weder ein allgemeines Versicherungsrecht noch spezielle Vorschriften mit der einzigen Ausnahme der Seeversicherung und ist in diesen Beziehungen das betreffende Territorialrecht beziehungsweise das Gemeine Recht erhalten.

Vgl, Preuss. Einf.-Ges. A. 61 Ziff. 1.
Bayr. Einf.-Ges. A. 2 u. 3.

Obwohl wir nun die Seeversicherung an sich nicht, wenigstens zur Zeit nicht, zu einem Gegenstande unserer Erörterungen zu machen gewillt sind, halten wir es einerseits bei dem eigenthümlichen Zustande des Gemeinen Rechts in Deutschland in Betreff des Versicherungsrechts, andererseits im Hinblick auf die bevorstehende Reichsgesetzgebung über die ganze Materie, welche seiner Zeit irgendwie an die im Handelsgesetzbuche bezüglich der Seeversicherung adoptirten Grundsätze wird anknüpfen müssen, für unerlässlich, die im Handelsgesetzbuche niedergelegten Hauptgrundsätze über die Seeversicherung zu skizziren. Zu diesem Zwecke müssen wir jedoch zunächst auf die Entstehung des Gesetzbuches einen Blick werfen.

Der Entwurf, welcher dem Gesetzbuche zu Grunde liegt, ist aus dem preussischen Justizministerium hervorgegangen. Juristische Commissarien hatten in dessen Auftrag seit 1850 für die preussischen Staaten, in welchen drei verschiedene Rechtssysteme, nämlich ausser dem französischen Rechte in den Rheinlanden, das preussische Landrecht in dem grössten übrigen Theile der Monarchie und endlich das Gemeine Recht galten, ein einheitliches Handelsgesetzbuch zu entwerfen. Im Mai des genannten Jahres wurden die verschiedenen Gesichtspunkte und Principien in Ministerialconferenzen mit kaufmänni-

*) §. 140 i. f. Erste Aufl. Bd II S. 29.

schen Sachverständigen aus den verschiedenen Provinzen berathen. Anfangs 1856 war die Sache bis zur Zusammenstellung des vollständigen Entwurfs gefördert, und dieser Entwurf war es, welcher neben einem österreichischen Entwurfe der Bundesversammlung in Vorlage gebracht wurde.

Am Bundestage hatte nämlich Würtemberg schon 1836 und wiederholt 1846 die Erlassung eines Handelsgesetzbuches für ganz Deutschland angeregt, jedoch über ein Jahrzehnt lang vergeblich. Den ersten Anlauf zu einem solchen nahm erst das Reichsministerium der Justiz in Frankfurt im December 1848, und es wurde auch wirklich 1849 eine Abtheilung eines Entwurfs durch den Druck veröffentlicht. Jedoch gedieh die Sache zu keinem Abschlusse, da die mit ungeahnter Raschheit hereinbrechende Reaction allen begonnenen Reformen alsbald wieder ein Ende bereitete. Die Angelegenheit ruhte nunmehr, bis Bayern in der Bundestagssitzung vom 21. Februar 1856 den Antrag auf Niedersetzung einer Commission stellte, welcher Antrag endlich in der Sitzung vom 17. April 1856 zum Beschluss erhoben wurde. Die Commission trat am 15. Januar 1857 in Nürnberg zusammen und brachte, indem beschlussgemäss der preussische Entwurf den Berathungen zu Grunde gelegt wurde, in 588 Sitzungen, welche theils in Nürnberg, theils — zur Berathung des Seerechts — vom 26. April 1858 bis 22. August 1860*) in Hamburg gepflogen wurden, endlich bis 11. März 1861, also in beinahe 6 vollen Jahren, den den einzelnen Landesregierungen und beziehungsweise Volksvertretungen zur Genehmigung zu unterbreitenden Entwurf zu Stande.

Der Entwurf wurde hierauf denn auch wirklich von der Mehrzahl der Bundesstaaten beziehungsweise mit geringen Abänderungen in ihren Territorien zum Landesgesetze erhoben, und durch gesonderte Einführungsgesetze zur Einführung gebracht.**) Das Preussische Einführungsgesetz datirt vom $\frac{\text{24. Juni}}{\text{10. Aug.}}$ 1861, das Oesterreichische vom 17. December 1862, das Bayerische vom 10. November 1861, das Würtembergische vom 13. August 1865, das Badische vom 6. August 1862, das königlich Sächsische vom 30. Okt. 1861, das Hannöverische vom 5/31. Oktober 1864, das kurfürstlich Hessische vom 3. Mai 1865, das grossherzoglich Hessische vom 29. Sept. 1862, das Mecklenburg-schwerinische vom $\frac{\text{28. Dec. 1863}}{\text{Febr. 1864,}}$ das Mecklenburg-strelitzische vom 28. Dec. 1863, das Oldenburgische vom $\frac{\text{18. April}}{\text{18. Mai}}$ 1864, das Nassauische vom 9. Nov. 1861.***)

*) 177. bis 547. Sitzung.

**) Allg. D. Hand. G. B. v. Dr. C. F. Koch 1863. S. 1 ff. S. 650 Anm. 1.

***) S. die Sammlung der Einführungsgesetze im Beilagenbande zu den Protokollen der Commission z. Ber. e. a. D. Hand. G. B. herausgegeben von J. Lutz, Beilagen Heft 6 und folgende.

Eigenthümlich ist und bleibt es, dass im Handelsgesetzbuch im Art. 271 unter den übrigen, sämmtlich im Handelsgesetzbuch behandelten Materien in Ziff. 3 auch: „die Uebernahme einer Versicherung gegen Prämie“ ganz allgemein als Handelssache erklärt ist,*) dass aber trotzdem von allen Versicherungsgeschäften nur ein einziges, und zwar das nur für einen kleinen Theil des deutschen Landes in praktische Anwendung kommende, nämlich das Seeversicherungsgeschäft vom Handelsgesetzbuch selbst in Behandlung gezogen ist.

Der **Preussische Entwurf** trägt hieran keine Schuld. Vielmehr hatte dieser die Aufnahme des ganzen Versicherungswesens proponirt und sowohl allgemeine Bestimmungen zum Versicherungswesen überhaupt als Spezialbestimmungen für alle einzelnen Arten der Versicherung enthalten. Bei der nicht zu leugnenden Wichtigkeit des Entwurfs müssen wir näher darauf eingehen. Nachdem der Entwurf im I. Buche Vom Handelsstande, (und zwar in 9 Titeln von Kaufleuten, Handelsregister, Veröffentlichung der ehelichen Güterrechte, Handelsfirmen, Handelsbüchern, Factoren, Handlungsgehülfen, Börsen, Handelsmäklern) sodann im II. Buch Von den Handelsgesellschaften, (und zwar in 5 Titeln von Handelsgesellschaften im Allgemeinen, offener, stiller Handelsgesellschaft, Actiengesellschaften, Vereinigung zu einzelnen Handelsgeschäften für gemeinschaftliche Rechnung) im III. Buch Von den Handelsgeschäften und zwar in den 5 ersten Titeln von Handelsgeschäften im Allgemeinen, von Kauf, dem kaufmännischen Commissions-, dann dem Speditions- und endlich Frachtgeschäfte — gehandelt hatte, lautete er im weiteren Contexte wie folgt:

VI. Titel.

Von der Versicherung.

I. Abschnitt.

Allgemeine Grundsätze.

Art. 327.

Die Versicherung ist ein Vertrag, durch welchen der Versicherer gegen Gewähr einer Prämie die Verpflichtung übernimmt, dem Versicherten den Schaden zu ersetzen, welcher diesen aus einer künftigen Gefahr treffen kann.

Eine Versicherung auf Glücksfälle oder auf einen erwarteten Gewinn ist nur zulässig, insoweit dies in den Gesetzen ausdrücklich gestattet ist.

---

*) Vgl. auch A. 67, in welchem ebenso allgemein gesagt ist, dass die Handelsmäkler (Sensalen) für Auftraggeber neben einer Reihe anderer Geschäfte auch zu vermitteln haben: „Verträge über Versicherungen.“

Art. 328.

Gegenstand der Versicherung kann Alles sein, was einen zu Gelde anschlagbaren Werth für den Versicherten hat und einer Gefahr unterworfen ist.

Jedoch ist die Versicherung gegen die Gefahr bei verbotenen Handlungen des Versicherten nichtig; Alles was in diesem Falle von dem Versicherten gegeben oder empfangen ist, unterliegt der Konfiskation.

Art. 329.

Die Versicherung kann nicht nur für eigene Rechnung, sondern auch zu Gunsten eines Dritten, selbst ohne dessen Wissen genommen werden.

Der Name des Dritten braucht nicht genannt zu werden.

Art. 330.

Die Versicherung muss schriftlich geschlossen werden.

Die auf den Versicherungsantrag von dem Versicherer ausgestellte und von dem Versicherten angenommene Polize steht dem schriftlichen Vertrage gleich.

Art. 331.

Der Versicherungsvertrag muss enthalten:

1. die Bezeichnung des Gegenstandes der Versicherung;
2. den Betrag der Versicherungssumme;
3. die Gefahren, für welche der Versicherer einsteht;
4. die Zeit, wann die Uebernahme der Gefahr beginnt und endigt;
5. die Versicherungsprämie.

Art. 332.

Eine Versicherung, welche den Betrag des Werths übersteigt, gilt nur bis zu diesem Betrage.

Unter Werth wird der wirkliche Werth verstanden, und wo ein erwarteter Gewinn versichert werden kann, der Werth mit Inbegriff dieses Gewinns.

Werden gleichzeitig über denselben Gegenstand für dieselbe Zeit und gegen dieselbe Gefahr mehrere Versicherungen auf den vollen Werth abgeschlossen, so haften alle Versicherer zusammengenommen nach Verhältniss ihrer Versicherungssummen nur für diesen Werth.

Als gleichzeitig geschlossen gelten die Versicherungen, wenn die Polizen oder Verträge sämmtlich auf denselben Tag oder, im Falle in allen die Stunde angegeben ist, auf dieselbe Stunde lauten.

Art. 333.

Ein Gegenstand, welcher für seinen vollen Werth versichert ist, kann, abgesehen von der gleichzeitigen Versicherung (Art. 332.) nicht zum zweiten Male auf dieselbe Zeit und gegen dieselbe Gefahr versichert werden.

Jedoch ist eine neue Versicherung bis zum vollen Werthe (Nachversicherung) zulässig:

1. wenn der Versicherte den ersten Versicherer mittelst Verzichtanzeige seiner Verpflichtung für die Zukunft entlässt;
2. wenn die neue Versicherung unter der ausdrücklichen Bedingung geschieht, dass der neue Versicherer nur insoweit haftet, als der Versicherte an dem früheren Versicherer sich nicht zu erholen vermag.

In beiden Fällen muss in dem Nachversicherungsvertrage der früheren Versicherung und im Falle der Verzichtleistung auf letztere auch der Verzichtanzeige bei Strafe der Nichtigkeit Meldung geschehen.

Art. 334.

Ist eine Versicherung nicht auf den vollen Werth geschlossen worden, so haftet der Versicherer nur nach Verhältniss der Versicherungssumme zum ausgemittelten Werthe.

Wird in diesem Falle weitere Versicherung für den noch nicht versicherten Werthbetrag genommen, so haften alle Versicherer nach Verhältniss ihrer Versicherungssummen für den vollen Werth.

Die spätere Versicherung ist unzulässig, insoweit sie den durch die früheren Versicherungen nicht gedeckten Werthbetrag übersteigt, oder wenn sie geschlossen wird, nachdem der volle Werth bereits versichert ist.

Art. 335.

Bei der theilweisen Beschädigung eines versicherten Gegenstandes haftet der Versicherer nach Verhältniss des Schadens zum ganzen Werthe.

Ist bei der theilweisen Beschädigung der Gegenstand nicht zum vollen Werthe versichert, so haftet der Versicherer für jenen Betrag nur nach Verhältniss der Versicherungssumme zum Werthe.

Art. 336.

Der Versicherer kann das durch ihn Versicherte wieder versichern lassen (Rückversicherung); jedoch muss in dem darüber geschlossenen Vertrage ausgedrückt werden, dass es sich von einer Rückversicherung handelt.

Zweiter Abschnitt.

Rechtsverhältniss zwischen dem Versicherer und dem Versicherten.

Art. 337.

Der Versicherer haftet nicht für den Schaden, welcher durch die Schuld des Versicherten entstanden ist.

Art. 338.

Wenn verschiedene Versicherungen abgeschlossen sind, so kann der Versicherte die gleichzeitigen oder älteren Versicherer ihrer Verbindlichkeiten nicht entlassen, um sich an den andern zu erholen.

Im Falle der Verzichtleistung tritt er selbst für dieselbe Summe an die Stelle der Entlasteten.

Art. 339.

Der Versicherte ist verpflichtet, alle Sorgfalt zur Rettung des Gegenstandes der Versicherung aus einer entstandenen Gefahr anzuwenden, und nach Entstehung des Schadens den Versicherer ohne Zögern zu benachrichtigen.

Unterlässt er diess, so haftet er für allen hieraus entstehenden Nachtheil.

Der Rettungsaufwand fällt dem Versicherer zur Last, selbst wenn derselbe in Verbindung mit dem erlittenen Schaden den Betrag der Versicherungssumme übersteigt, oder die angewandte Bemühung erfolglos geblieben ist.

Art. 340.

Ist der Werth des Versicherungsgegenstandes in dem Versicherungsvertrage nicht angegeben, so muss der Versicherte erweisen, welchen Werth derselbe zur Zeit der Beschädigung oder des Verlustes hatte.

Art. 341.

Ist der Werth in dem Vertrage angegeben, so kann der Versicherer den Beweis des Uebermaasses führen.

Der Versicherte muss den angegebenen Werth rechtfertigen, wenn der Versicherer Umstände nachweist, aus welchen sich die Wahrscheinlichkeit für das Uebermaass der Werthangabe ergibt.

Art. 342.

Hat der Versicherer einen entstandenen Schaden vergütet, so tritt er in alle Rechte des Versicherten ein, welche diesem gegen Dritte rücksichtlich des Schadens zustehen.

Der Versicherte ist verantwortlich für jede Handlung, durch welche er jene Rechte des Versicherers gegen Dritte beeinträchtiget.

Art. 343.

Wenn während des Laufs der Versicherung das Eigenthum des versicherten Gegenstandes durch Kauf oder in anderer Weise auf einen neuen Besitzer übergeht, so geht mit der Gefahr auch die Versicherung auf letzteren über, sofern der Versicherer darin willigt.

Die Einwilligung des Versicherers ist nicht erforderlich, wenn der Versicherte auf die Gefahr keinen Einfluss haben kann.

Dritter Abschnitt.

Ungültigkeit der Versicherung und Rückzahlung der Prämie.

Art. 344.

Die Versicherung ist nichtig:

1. wenn der Versicherungsvertrag nicht schriftlich geschlossen ist, oder nicht die vorgeschriebenen wesentlichen Bestimmungen (Art. 331. 333. 336.) enthält;

2. wenn eine Versicherung genommen wird in Fällen, in welchen diess gesetzlich unzulässig ist (Art. 328. 332. 334.);
3. wenn der Versicherte zur Zeit der Versicherung kein Interesse an dem versicherten Gegenstande hatte, sofern nicht die Versicherung ausdrücklich auf den Fall des künftigen Interesses gestellt ist;
4. wenn die Gefahr, gegen welche versichert wurde, zur Zeit des Abschlusses oder Beginns der Versicherung bereits vorüber und diess dem Versicherer bekannt war;
5. wenn der Schaden, gegen welchen versichert wurde, zur Zeit des Abschlusses oder Beginns der Versicherung bereits eingetreten und diess dem Versicherten oder seinem Stellvertreter bekannt war.

Es wird vermuthet, dass der Versicherte oder sein Stellvertreter von dem Eintritt des Schadens Kenntniss hatte, wenn seitdem so viel Zeit verflossen ist, dass er davon hätte unterrichtet sein können.

Art. 345.

Die Versicherung, welche für einen Dritten ohne dessen Wissen genommen wurde, ist nichtig, insoweit derselbe Gegenstand von dem Betheiligten selbst noch vorher für dieselbe Zeit und gegen dieselbe Gefahr versichert wurde, ehe er von der ohne sein Wissen geschlossenen Versicherung Kenntniss erhielt.

Art. 346.

Der Versicherer kann die Versicherung als ungültig aufheben, wenn der Versicherte oder dessen Stellvertreter bei der Versicherung Umstände verschwiegen oder unrichtig angegeben hat, welche so wesentlich sind, dass der Versicherer, wenn er die wahre Lage der Sache gekannt hätte, die Versicherung überhaupt nicht oder nicht zu denselben Bedingungen geschlossen haben würde.

Art. 347.

Die Versicherung ist aufgehoben:

1. wenn der versicherte Gegenstand nach Abschluss des Vertrages, aber noch vor dem Zeitpunkte zu Grunde geht, von welchem an der Versicherer die Gefahr zu tragen hat;
2. wenn nach dem Abschlusse der Versicherung das Unternehmen, welches versichert wurde, ganz oder theilweise unterbleibt, oder bis zu einem Zeitpunkte verschoben wird, in welchem die Gefahr bereits vorüber ist.

Art. 348.

Ist die geschlossene Versicherung ganz oder theilweise nichtig oder ungültig (Art. 344. bis 347.), der Versicherte hat aber im guten Glauben gehandelt, so muss ihm der Versicherer die Prämie ganz oder für den Theil, wofür er keine Gefahr zu tragen hatte, zurückgeben.

Hat der Versicherer die Nichtigkeit oder Ungültigkeit oder die Aufhebung der Versicherung nicht verschuldet, so ist er berechtigt, die

Hälfte der Prämie, jedoch nicht über ein Viertheil vom Hundert der Versicherungssumme, einzubehalten, oder wenn die Prämie noch nicht gezahlt war, vom Versicherten einzufordern.

Auch kann der Versicherer, wenn er bereits Gefahr gelaufen ist, ausserdem noch eine besondere Vergütung fordern, welche nach Verhältniss der gelaufenen zur übernommenen Gefahr zu bestimmen ist.

Hat der Versicherte im bösen Glauben gehandelt, so fällt die Prämie dem Versicherer zu, unbeschadet seiner übrigen Rechtsansprüche an den Versicherten.

Art. 349.

Alle Forderungen des Versicherers und des Versicherten aus dem Versicherungsvertrage verjähren in fünf Jahren vom Datum der Polize oder des Versicherungsvertrages an gerechnet.

VII. Titel.

Von den einzelnen Arten der Versicherung. *)

I. Versicherung gegen Feuersgefahr.

Art. 350.

Bei der Versicherung von Gebäuden gegen Feuersgefahr wird die Grösse des Schadens bestimmt durch Vergleichung des Werths des versicherten Gebäudes unmittelbar vor dem Brande mit dem Werthe, welchen das Uebriggebliebene unmittelbar nach dem Brande hat.

Verabredungen, nach welchen der Versicherer mehr als den in dieser Weise zu ermittelnden wirklichen Schaden ersetzen soll, machen die Versicherung nichtig.

Art. 351.

Wenn die Vergütungssumme nach Inhalt des Vertrages zur Wiederherstellung des versicherten Gebäudes verwendet werden muss, so kann der Versicherer verlangen, dass die Verwendung binnen einer nöthigenfalls vom Richter zu bestimmenden Frist geschieht.

Nach Umständen muss der Versicherte dafür genügende Sicherheit leisten.

Art. 352.

Erhält ein versichertes Gebäude eine andere Bestimmung, durch welche sich die Feuersgefahr derart vermehrt, dass der Versicherer, wenn dieser Umstand schon vor der Versicherung vorhanden gewesen wäre, die Versicherung entweder gar nicht oder doch nicht unter denselben Bedingungen abgeschlossen hätte, so ist die Versicherung aufgehoben, wenn nicht der Versicherer auf er-

*) Gegen unseren bisherigen Plan ziehen wir vor, den Abdruck des uns überaus wichtig scheinenden Entwurfs hier nicht zu unterbrechen und lassen daher auch den Abdruck der proponirten Specialbestimmungen über die Einzelnen Arten der Versicherung sogleich dem vorausgehenden Allgemeinen Theile folgen.

haltene Anzeige von der Veränderung erklärt hat, dass er den Vertrag fortsetzen will.

Art. 353.

Bei der Versicherung beweglicher Gegenstände gegen Feuersgefahr genügt zur Bezeichnung der versicherten Gegenstände deren Beschreibung nach Art oder Gattung, und die Angabe der Gebäude oder Plätze, wo sie sich befinden.

Die Versicherungssumme braucht nicht für die einzelnen Gegenstände besonders, sondern nur nach den aufgeführten Arten oder Gattungen derselben angegeben zu werden. Auch können unter einer gemeinschaftlichen Versicherungssumme zusammengefasst werden: Waarenlager, Fabriken, Vorräthe von landwirthschaftlichen Produkten und anderen verschiedenartigen Gegenständen, wenn diese Vorräthe nach ihrer Bestimmung beständigen Veränderungen unterworfen sind.

Art. 354.

Bei beweglichen Versicherungsgegenständen wird der Brandschaden nach dem wirklichen Werthe berechnet, welchen dieselben zur Zeit des Brandunglücks hatten.

Art. 355.

Werden die versicherten beweglichen Gegenstände an einen andern, als den im Versicherungsvertrage genannten Aufbewahrungsort gebracht, oder erhält das Gebäude, in welchem die Gegenstände aufbewahrt werden, eine andere Bestimmung, durch welche die Feuersgefahr für dieselben in beträchtlicher Weise vermehrt wird, so kommen die für den Fall der veränderten Bestimmung eines versicherten Gebäudes gegebenen Vorschriften (Art. 352.) zur Anwendung.

Art. 356.

Die Versicherung gegen Feuersgefahr umfasst allen durch Brand an den Versicherungsgegenständen verursachten Schaden, ohne Rücksicht auf die Entstehungsart des Brandes.

Die von den Contrahenten etwa ausgenommenen Entstehungsarten des Brandes müssen in dem Vertrage aufgeführt sein, wenn der Vorbehalt von Wirkung sein soll.

Art. 357.

Dem durch den Brand unmittelbar verursachten Schaden wird der Schaden gleichgeachtet, welcher in Folge eines auch nur in der Nachbarschaft ausgebrochenen Brandes durch das Löschen oder Retten an den Versicherungsgegenständen entsteht.

Dies gilt insbesondere, wenn Versicherungsgegenstände beim Löschen oder Retten entwendet werden oder in anderer Weise abhanden kommen, oder wenn Versicherungsgegenstände ganz oder theilweise vernichtet oder beschädigt werden, um dem Brande Einhalt zu thun.

Art. 358.

Alles was über den Ersatz des Schadens bestimmt ist, welcher durch Brand verursacht wird, findet in gleichem Maasse auf den Schaden Anwendung, welcher aus der Entzündung von Schiesspulver und ähnlichen Stoffen, aus dem Zerspringen eines Dampfkessels und aus dem Einschlagen des Blitzes entsteht, wenn auch kein Brand darauf folgt.

II. Versicherung gegen Hagelschlag und andere Gefahren, denen die Früchte auf dem Felde unterworfen sind.

Art. 359.

Bei der Versicherung gegen Hagelschlag und andere Gefahren, denen die Früchte auf dem Felde unterworfen sind, muss der Vertrag die Angabe und Beschreibung der Ländereien enthalten, deren Früchte versichert werden.

Art. 360.

Zur Ausmittelung des Schadens wird abgeschätzt, wie viele Theile des Feldertrages dem Versicherten durch den Unglücksfall entzogen werden.

Nach Verhältniss der Grösse des Ausfalls hat der Versicherte Anspruch auf die Versicherungssumme.

Nur wenn der Ertrag schon vor dem Unglücksfalle durch andere Unglücksfälle gelitten hat, auf welche sich die Versicherung nicht erstreckt, wird der Berechnung der Vergütung die nach Verhältniss verminderte Versicherungssumme zu Grunde gelegt.

Art. 361.

Wenn während des Laufs der Versicherung das Eigenthum der versicherten Früchte auf einen neuen Besitzer übergeht, so bedarf es zum Uebergange der Versicherung auf letzteren (Art. 343.) weder der Einwilligung des Versicherers, noch einer besonderen Uebertragung oder auch nur der Einhändigung der Versicherungsurkunde.

III. Versicherung von Waaren gegen die Gefahren der Versendung zu Lande oder auf Flüssen und Binnengewässern.

Art. 362.

Gegen die Gefahr der Versendung zu Lande oder auf Flüssen und Binnengewässern können Waaren versichert werden: für den vollen Werth, den sie zur Zeit und am Orte der Absendung haben, mit allen Kosten bis zur Verladung und mit Einschluss der Versicherungsprämie.

Es sind diese Kosten und die Versicherungsprämie stillschweigend unter dem angegebenen Werth begriffen.

Art. 363.

Der Werth der versicherten Waaren darf erhöht werden um den Betrag der Fracht, der Zölle und andern Kosten, welche bis zur Ankunft der Waaren bezahlt werden müssen.

Jedoch hat der Versicherte auf diesen erhöhten Werth nur dann Anspruch, wenn davon in dem Vertrage Meldung geschieht.

Art. 364.

Wenn die versicherten Waaren an dem Bestimmungsorte nicht ankommen, so haftet der Versicherer für die Fracht, die Zölle und andere Unkosten nur insoweit, als letztere haben bezahlt werden müssen.

Ist die Fracht in Folge einer mit dem Fuhrmann oder Schiffer vor der Abfahrt getroffenen Uebereinkunft vorausbezahlt worden, so bleibt die Versicherung insoweit in Kraft.

Jedoch tritt der Versicherer gegen den Fuhrmann oder Schiffer in die Rechte des Versicherten.

Art. 365.

Die Versicherung kann sich auch auf den erwarteten oder imaginären Gewinn erstrecken.

Jedoch muss eine solche Versicherung bei Strafe der Nichtigkeit in dem Vertrage besonders angegeben, oder es muss bei einer allgemeinen Versicherung ausdrücklich bestimmt sein, dass Alles, was den wirklichen Werth übersteigt, als erwarteter Gewinn erachtet werden soll.

Art. 366.

Der erwartete Gewinn besteht in dem Mehrwerthe, welchen die versicherten Waaren bei ihrer wohlbehaltenen Ankunft am Bestimmungsplatze nach gewöhnlicher Reisezeit wahrscheinlich gehabt haben würden.

Sind ausser dem Werthe der Waaren am Absendungsorte noch Fracht und Unkosten und erwarteter Gewinn versichert, so wird für den erwarteten Gewinn nur der Betrag vergütet, um welchen der Werth der Waaren am Bestimmungsplatze den versicherten Werth der Waaren am Absendungsorte mit Hinzurechnung der Fracht und Unkosten übersteigt.

Der erwartete Gewinn wird bewiesen durch Preiskurante oder in deren Ermangelung durch Sachverständige.

Art. 367.

Geht aus den Preiskuranten oder der Abschätzung der Sachverständigen hervor, dass der erwartete Gewinn im Falle der Ankunft der Waaren geringer gewesen sein würde, als der Versicherungnehmer angegeben hat, so ist der Versicherer nur zur Zahlung dieses geringern Betrages verpflichtet.

Er hat nichts für den versicherten Gewinn zu zahlen, wenn der versicherte Gegenstand überhaupt keinen Gewinn würde geliefert haben.

Art. 368.

Die Contrahenten sind befugt, den zu vergütenden Betrag des erwarteten Gewinnes in dem Versicherungsvertrage festzusetzen.

Jedoch kann dieser Betrag auf keine höhere Summe, als Zehn vom Hundert des Werths der Waaren am Absendungsorte, vereinbart werden.

Art. 369.

Die Gefahr für den Versicherer beginnt, sobald die Waaren an das Fuhrwerk oder Fahrzeug, oder an das Geschäftslokal oder auf den Platz gebracht worden sind, wo die Waaren zur Verladung in Empfang genommen werden.

Die Gefahr für den Versicherer endigt, sobald die Waaren am Bestimmungsorte angelangt und dort an den Empfänger abgegeben oder dem Versicherten oder seinem Bevollmächtigten zugestellt worden sind.

Art. 370.

Die Gefahr läuft für den Versicherer ohne Unterbrechung fort:

1. wenn Waaren versichert sind, welche zu Lande oder abwechselnd zu Lande und zu Wasser versendet werden müssen, und dieselben unterwegs in andere Fuhrwerke oder Fahrzeuge übergeladen werden;
2. wenn Waaren, die zu Wasser versendet werden müssen, in andere Fahrzeuge übergeladen werden, es wäre denn die Versicherung ausdrücklich nur auf die Versendung in einem bestimmten Fahrzeuge geschlossen; selbst in diesem Falle läuft für den Versicherer die Gefahr, wenn die Waaren zur Erleichterung des Fahrzeuges bei niedrigem Wasserstande oder in anderen Nothfällen übergeladen werden;
3. wenn in Nothfällen die Güter einstweilen bis zur Fortsetzung der Reise geborgen werden müssen.

Art. 371.

Dagegen haftet der Versicherer nicht für die Gefahr, insoweit die Reise, ohne Noth, auf andern als den gewöhnlichen Wegen, oder auf andere, als die gewöhnliche Weise, zurückgelegt wird.

Art. 372.

Wenn die Versendung oder Weiterbeförderung der Waaren von den Versicherten ohne Noth aufgehalten wird, so haftet der Versicherer nicht für die Gefahr während der Zeit des Aufenthalts.

Beträgt dieser Aufenthalt mehr als einen Monat, so gilt die Reise als eingestellt und der Versicherer haftet nicht weiter.

Art. 373.

Wenn die Versendung eingestellt wird, nachdem die Gefahr für den Versicherer begonnen hat, jedoch noch vor dem Antritt der Reise, so hat der Versicherer auf die Hälfte der Prämie, jedoch nicht über ein Viertheil vom Hundert der Versicherungssumme Anspruch.

Wird Schadensvergütung von ihm gefordert, oder hat die Reise bereits begonnen, so gebührt ihm die ganze Prämie.

Art. 374.

Der Versicherer haftet für Beschädigungen und Verluste aller Art, soweit nicht in dem Vertrage oder durch das Gesetz ausdrücklich eine Ausnahme gemacht ist.

Er haftet aber nicht für den Schaden, welcher seinen Grund in der eigenthümlichen Natur oder in der mangelhaften Beschaffenheit der versicherten Waaren hat.

Art. 375.

Wenn es der Versicherer verlangt, so muss der Versicherte beweisen, dass die Waaren, deren Vergütung gefordert wird, wirklich verladen sind.

Auch muss er darthun, durch welches Ereigniss der Verlust oder die Beschädigung herbeigeführt worden ist.

Art. 376.

Die Untersuchung und Ausmittelung des Schadens muss unter amtlicher

Leitung durch Sachverständige (Art. 264) an dem ersten Orte erfolgen, an welchem diess geschehen kann; sie darf nur dann bis zum Bestimmungsort verschoben werden, wenn die Weiterversendung ohne Schaden erfolgen kann.

Art. 377.

Hat der Empfänger die Waaren angenommen, ohne den Schaden vorher untersuchen und ausmitteln zu lassen, so wird der Versicherer frei.

Ist die Beschädigung nicht äusserlich erkennbar, so muss dieselbe wenigstens innerhalb drei Tagen nach dem Empfange bewahrheitet werden.

Art. 378.

Wenn bei einer Versicherung, welche für die Dauer einer Reise geschlossen ist, das Eigenthum der versicherten Waaren während ihrer Reise auf einen neuen Besitzer übergeht, so bedarf es zum Uebergange der Versicherung auf letzteren (Art. 343.) weder der Einwilligung des Versicherers, noch einer besonderen Uebertragung oder auch nur der Einhändigung der Versicherungsurkunde.

IV. Lebensversicherung.

Art. 379.

Das Leben eines Menschen kann für einen bestimmten Zeitraum oder auf Lebenszeit in der Art versichert werden, dass für den Todesfall des Versicherten oder seinen Rechtsnachfolgern die Zahlung einer bestimmten Summe verheissen wird.

Art. 380.

Eltern, Kinder, Ehegatten oder Verlobte können das Leben ihrer Kinder, Eltern, des andern Ehegatten oder Verlobten versichern lassen.

Unter Kindern werden verstanden: alle ehelichen Nachkommen, sowie auch uneheliche Kinder, Adoptivkinder und Pflegekinder.

Ausser diesen Personen kann Niemand auf das Leben eines Dritten ohne dessen Einwilligung Versicherung nehmen; ein Vertrag, welcher dieser Bestimmung zuwider geschlossen wird, ist nichtig.

Jedoch findet eine solche Beschränkung in dem Falle nicht statt, wenn das Leben des Dritten gegen eine Gefahr versichert wird, auf deren Eintritt der Versicherungsnehmer keinen Einfluss haben kann.

Art. 381.

Der Versicherungsvertrag muss ausser den allgemeinen gesetzlichen Erfordernissen (Art. 331.) enthalten:

1. den Namen der Person, deren Leben versichert wird;
2. die Zeit, wann die Versicherung beginnt;
3. die Bestimmung, ob die Versicherung auf Lebenszeit gegeben wird, oder bis zu welcher Zeit.

Art. 382.

Die Höhe der Versicherungssumme und die Versicherungsbedingungen können die Contrahenten nach ihrem Gutdünken bestimmen.

Mehrfache Versicherungen sind unbedingt zulässig.

Art. 383.

Der Versicherer ist nicht zur Entrichtung der Versicherungssumme verpflichtet, wenn derjenige, welcher sein eigenes Leben versichern liess, sich selbst das Leben nimmt, oder mit dem Tode bestraft wird, oder durch Zweikampf den Tod findet.

Art. 384.

Dasselbe gilt, wenn der, welcher auf die Versicherungssumme Anspruch hat, den Tod der Person absichtlich herbeiführt, deren Leben versichert ist.

Hat derselbe nur Anspruch auf einen Theil der Versicherungssumme, so ist der Versicherer nur von der Entrichtung dieses Theils befreit.

Mit diesem Art. 384 schloss die gleich Anfangs übergebene erste Abtheilung des auf zweimal in Vorlage gebrachten preussischen Entwurfs. *) Die später übergebene zweite Abtheilung des Entwurfs **) fährt ***) anknüpfend an obigen Art. 384, welcher das III. Buch abgeschlossen hatte, im Buch IV Vom Seehandel fort, dessen I. Titel (A. 385 bis 392) Von Seeschiffen, II (A. 393 bis bis 410) Von der Rhederei, III (A. 411 bis 438) Vom Schiffer, IV (A, 439 bis 465) Von der Schiffsmannschaft, V (A. 466 bis 518) Von der Verfrachtung der Schiffe, VI (A. 519 bis 533) Von Passagieren auf Seeschiffen, VII (A. 534 bis 550) Von der Bodmerei, VIII (A. 551 bis 594) Von der Haverei IX (A. 595 bis 602) Von der Bergung handelte. Der X. Titel handelt sodann Von der Versicherung gegen die Gefahren der Seeschifffahrt und war derselbe in 7 Abschnitte getheilt, welche 78 Artikel enthielten (von A. 603 bis A. 680.)

Wir halten es, da der Abdruck einen zu grossen Raum beanspruchen würde, für nothwendig, in gewissen Beziehungen eine Vergleichung mit den diessbezüglichen Bestimmungen des Deutschen Handelsgesetzbuchs selbst seiner Zeit anzustellen. Hier wollen wir jedoch einige Bemerkungen über die äusserliche Form vorausschicken. Die sieben Abschnitte tragen folgende Ueberschriften:

I. Abschnitt Allgemeine Grundsätze und Abschluss der Vertrags (A. 603 bis 613),

II. Abschnitt Pflicht des Versicherten zur Anzeige bei Abschluss des Vertrags (A. 614 bis 622),

III. Abschnitt Rechtsverhältniss aus dem Versicherungsvertrage (A. 623 bis 629),

IV. „ Umfang der Gefahr (A. 630 bis 648),

---

*) Lutz, Protokolle etc. Beilagenband S. 1 bis 68.

**) l. c. S. 328 bis 397.

***) auf S. 339.

V. Abschnitt Ermittlung des Schadensbetrags (A. 649 bis 668),
VI. „ Einforderung des Schadens (A. 669 bis 677),
VII. „ Authebung des Versicherungsvertrags (A. 678 bis 680).

Um unsere Bemerkungen über den preussischen Entwurf im Allgemeinen abzuschliessen, bemerken wir noch, dass dem X. Titel des IV. Buchs noch zwei Titel folgten: Es handelte nämlich Titel XI (A. 681 bis 688) Von den Schiffsgläubigern und deren Rangordnung, endlich Titel XII (A. 689 bis 692) Von der Verjährung.

Hiemit, beziehungsweise mit dem 692. Artikel schloss der Preussische Entwurf.

Wir wenden uns nun zu den **Verhandlungen der Commission.**

In der 95. Sitzung, gehalten zu Nürnberg am 26. Juni 1857, war man in I. Lesung an Tit. VI des III Buches „Von der Versicherung" gekommen.

Lutz, bekanntlich I. Sekretär dieser Commission, referirt in dem von ihm im Auftrag der Commission herausgegebenen „Protokollen" S. 862 ff. über den Gang dieser Sitzung wie folgt.

Es sei von dem Vertreter einer Bundesregierung der Präjudicialantrag gestellt worden, diesen und den folgenden Titel (Von den einzelnen Arten der Versicherung) des preussischen Entwurfs mit einer unbedeutenden Ausnahme (Versicherung gegen die Gefahren der Versendung zu Lande, auf Flüssen und Binnengewässern in §. 362 des preuss. Entwurfs) ganz zu streichen und sich lediglich auf die Seeversicherung zu beschränken. Es seien (dahin gingen die Motive dieses Antrags) die allgemeinen Versicherungen keine Handelsgeschäfte, könnten vielmehr zu solchen nur durch die betheiligten Personen d. h. die, Versicherungen abschliessenden, Actiengesellschaften oder durch die versicherten Objecte werden. Das reiche aber nicht aus, denn es würden dabei die auf der andern Seite stehenden Personen, die Versicherten ganz auser Acht gelasssen, diese seien aber meistens Nicht-Naufleute, und alle Verträge über die hauptsächlichsten im Entwurf speziell hervorgehobenen Gegenstände, als Grundstücke und Früchte auf den Feldern, seien keine Handelsgeschäfte und noch weniger seien diess die Lebensversicherungen. Die Versicherten dächten auch gewöhnlich gar nicht daran, dass sie Handelsgeschäfte machten, wenn sie z. B. ihre Häuser versicherten. Der Entwurf wolle alle Versicherungen gegen Prämien und nur diese erfassen. Das sei aber zu weit zu zu eng; zu weit, indem hier alle möglichen Versicherungen in das Bereich des Handelsrechts gezogen würden, bei welchen Prämien bezahlt werden, obgleich sie in keiner Weise ins Handelsrecht gehörten, z. B. ausser den schon angeführten die Viehversicherungen; zu eng, weil alle auf Gegenseitigkeit beruhenden Anstalten ausgeschlossen seien, obgleich sehr bedeutende Anstalten auf dieser Basis beruhten, wodurch auf der einen Seite Geschäfte, die entschieden hieher gehörten, z. B. Seeversicherungen solcher Anstalten, ausgeschlossen seien, und auf der anderen Seite die grössten Verwickelungen entständen, wenn beiderlei Anstalten auf das nämliche Object, z. B. ein Schiff versichert hätten. Das Handelsgesetz würde also bei Annahme des Entwurfs Geschäfte treffen, die nichts mit Handelsgeschäften gemein hätten, z. B. Versicherungen gegen Hagelschlag, Viehsterben etc. aber keine Anwendung finden auf Geschäfte, die nach allgemeiner Ansicht und dem entschiedensten Bedürfnisse nach Handelsrecht beurtheilt werden müssten. Es sei also nothwendig, das Handelsrecht auf solche Geschäfte zu beschränken, bei welchen in der Regel nur Kaufleute betheiligt seien, und welche dem Handelsverkehr unterliegen, auf diese aber immer, möge der Versicherer ein Privatmann oder eine Gesellschaft, und möge letztere auf Gegenseitigkeit gegründet sein oder nicht, also jedenfalls auf die in dem Antrage *) angedeuteten Versicherungen, wofür auch die allgemeine kaufmännische Ansicht sei. Dafür spreche weiter die Schwierigkeit, ja Unmöglichkeit, für alle Versicherungsarten gegen Prämie ohne Ausnahme allgemein passende Vorschriften zu treffen; Sachkenner hielten diess für geradezu unmöglich, weil wohl nicht leicht Jemand gefunden werden dürfte, der sie insgesammt zu übersehen vermöchte, wesshalb es eventuell doch bei sehr losen, nichtssagenden allgemeinen Bestimmungen sein Bewenden behalten müsste. Wollte man aber weiter gehen und genauere Bestimmungen treffen, so würde man Gefahr laufen, Unausführbares zu beschliessen, jedenfalls die weitere Entwickelung dieser gerade recht in der Entwickelung begriffenen Institutionen zu hemmen, indem man sie nöthige, in allen Fällen und unter allen Umständen und für alle Zeit gleichmässig zu verfahren, was ganz unthunlich sein dürfte; man werde das Aufkommen ganz neuer Institutionen vielleicht gar hemmen, z. B. Creditversicherungen. Nur das holländische Handelsgesetzbuch enthalte ähnliche Bestimmungen, die andern Handelsgesetze hätten sich damit nicht befasst; wo aber Gesetze fehlten, da reichten die **Statuten** der Gesellschaften regelmässig aus, und diese würden in den meisten Staaten vor der Zulassung der betreffenden Gesellschaft von der

---

*) Der Antrag hatte wörtlich gelautet:

. auszusprechen:

a) „Es seien in das Handelsrecht nur Bestimmungen

1) „über die Versicherung gegen die Gefahren der Seeschifffahrt (Buch IV „Tit. X), sowie

2) „über die Versicherung von Schiffen gegen die Gefahren auf Flüssen und Binnengewässern,

und endlich

3) „über die Versicherung von Waaren gegen die Gefahren der Versendung zu Lande, „auf Flüssen und Binnengewässern (Buch III §. 362 sequ. des Preussisch Entwurfs [s. oben S. 79])

aufzunehmen."

Staatsbehörde geprüft, so dass auch das Publikum dadurch sicher gestellt sei, die Behörde aber dennoch nicht gehindert werde, nach den Umständen, den gemachten Erfahrungen und den Zeitbedürfnissen zu verfahren. Die übrigen Staaten aber hielten eine Controle, sei es durch ein Gesetz oder durch eine Behörde für unnöthig. In den Staaten, welche mit der Zulassung nicht ängstlich seien, würden alle Anstalten, deren Statuten mit dem Handelsgesetze nicht ganz harmonirten, so gut wie ausgeschlossen sein, da sie sich nicht herbeilassen würden, ihre Statuten für Deutschland besonders zu ändern, z. B. die soliden englischen, und die Versicherten würden die grösste Gefahr laufen, wenn sie dennoch bei ihnen versicherten, weil es äusserst schwierig sei, eine bestimmte Grenze zwischen erlaubten und nicht erlaubten Abweichungen vom Gesetze zu ziehen, und weil eine Disharmonie zwischen jenen Statuten und diesem Gesetze sie um jeden Schadensersatz bringen könnte. Aus diesen Gründen müsse man es für angemessen halten, im Handelsgesetzbuche sich auf das Nothwendigste und das mit dem Handelsverkehre in unmittelbarer Verbindung Stehende zu beschränken.

Dieser Antrag fand „mehrfältige Unterstützung" und wurde für denselben weiter noch angeführt, die Aufgabe der Versammlung bestehe darin ein allen deutschen Staaten gemeinsames Handelsgesetzbuch zu entwerfen. Hiemit sei aber auch schon die Grenze für den Inhalt desselben gesteckt, indem es hienach als unstatthaft erscheinen müsse, in dieses Handelsgesetzbuch Bestimmungen aufzunehmen, für welche in keiner Weise ein gemeinsames Bedürfniss vorhanden sei. Dass man für gesetzliche Regelung gewisser Verhältnisse in einzelnen Staaten ein Bedürfniss fühle, könne nicht genügen, um eine Materie dem gemeinschaftlichen Handelsgesetzbuche einzuverleiben. Ein gemeinsames Bedürfniss aber für die gesetzliche Regelung anderer als der in dem eben eingebrachten Antrage vorbehaltenen Versicherungsverträge, sei keineswegs vorhanden, im Gegentheile habe sich in den meisten Staaten die Ansicht gebildet, dass für viele noch in der Entstehung begriffene und somit für eine Regelung im Wege der Gesetzgebung noch gar nicht reif gewordene Institute die meist sehr ausführlichen **Statuten** der Versicherer ausreichend seien. Zudem biete der Entwurf nichts Vollständiges dar, da er sich, wie bemerkt, auf die gegenseitigen Versicherungen, auf die Zwangsversicherungen gar nicht erstrecke, während andererseits die Lebensversicherungen gar nicht hierher gehörten, da bei ihnen von einer Assekuranz gegen einen Schaden gar nicht die Rede sein könne.

Gegen den Antrag wurde jedoch von dem Herrn Referenten (k. preuss. Oberjustizrath Dr. Bischoff) und anderen Mitgliedern Widerspruch erhoben und auf das Entschiedenste die Aufnahme der von dem Entwurfe erfassten Materien in das Handelsgesetzbuch befürwortet. Es wurde hervorgehoben, in verschiedenen Ländern habe man das Bedürfniss für Aufstellung gesetzlicher Vorschriften über die Versicherungsgeschäfte auf das Lebhafteste empfunden, so namentlich in Preussen, Baiern, Baden etc. In Preussen namentlich sei ein solches Bedürfniss zu Tage getreten. Das allg. preuss. Landrecht (also nicht ausschliesslich das holländische Handelsgesetzbuch) enthalte schon Vorschriften über die Versicherungsverträge in demselben Umfange wie der Entwurf, und gerade diese Vorschriften hätten vielfache Anträge auf Revision der Handelsgesetzgebung hervorgerufen; hiebei habe sich zugleich ergeben, dass der Verkehr solche gesetzliche Bestimmungen nicht entbehren könne, namentlich was den Land- und Flusstransport angehe. Wenn man aber etwa im Auge habe, dass der Code de commerce nur über die Seeversicherungen sich verbreite, so sei von den bewährtesten französischen Juristen anerkannt, dass in dieser Beziehung das französische Handelsrecht eine fühlbare Lücke enthalte, da die Gerichte gezwungen seien, für die Versicherungsverträge jeder Art die Vorschriften über die See-Assekuranzen in analoge Anwendung zu bringen. Die Fülle von Erkenntnissen französischer Gerichtshöfe über Versicherungsgeschäfte, die in den Sammlungen der Juristen verzeichnet seien, bewähre zur Genüge, dass die **Statuten** der Versicherer keineswegs überall ausreichende Normen enthielten. Für Baden sei das Bedürfniss nach gesetzlichen Vorschriften der in Frage stehenden Art um so dringender geworden, weil daselbst das Seerecht nicht publicirt und somit sogar dessen analoge Anwendung unmöglich gemacht worden sei. Wenn man nun von Aufnahme entsprechender Vorschriften in das Handelsgesetzbuch Umgang nehme, so würden in vielen Staaten Spezialgesetze nothwendig, was doch als ein Missstand erscheine. In der That sei es auch keineswegs zu schwierig, angemessene Normen aufzutellen, **die in dem (preussischen) Entwurfe enthaltenen Vorschriften** seien mit Sachverständigen berathen worden, welche eine ganz besondere Erfahrung in Versicherungsgeschäften hätten, und **ständen nach dem Zeugnisse derselben mit der Praxis im Einklang,** die erhobenen Bedenken seien aber keineswegs durchschlagend. Wenn man gesagt habe, die Versicherungsverträge an sich seien keine Handelsgeschäfte, so könne man nicht verkennen, dass die nicht selten in sehr grossem Umfange betriebenen auf Speculationen beruhenden Versicherungen einen sehr bedeutenden Handelszweig bildeten, ohnehin sei aber einstweilen beschlossen worden, die Versicherungsgeschäfte auf Prämien als objektive Handelsgeschäfte zu betrachten, (eine Behauptung, die freilich von anderer Seite Widerspruch fand, da der betreffende Beschluss nur mit dem ausdrücklichen Vorbehalte weiterer Erwägung gefasst sei).*) Nach den gefassten Beschlüssen könne es, so wurde ferner angeführt, nicht releviren, ob bei den fraglichen Geschäften auch Nichtkaufleute betheiligt seien. Wenn man weiter vorgebracht habe, die Bestimmungen des deutschen

*) Es blieb aber eben schliesslich doch definitiv dabei. Prot. S. 1290 (Vgl. Prot. S. 515.)

Handelsrechts könnten möglicherweise mit den Grundsätzen ausserdeutscher Versicherungsanstalten in Widerstreit gerathen und dadurch Inkonvenienzen erzeugen, so dürfe man nicht vergessen, dass dieser Einwand, wenn überhaupt, die meiste Begründung bei den See-Assekuranzen habe, von denen gleichwohl Niemand im Handelsgesetzbuche abzusehen gedenke, und dass er andere Versicherungen gar nicht treffe, da bei ihnen kaum ein internationales Interesse in Frage komme. Die Bedeutung der allgemeinen Bestimmungen des Entwurfs sei aber vom Herrn Antragsteller ohne Zweifel in so ferne überschätzt worden, als mit ihnen dem Privatwillen der Contrahenten in Statuten und einzelnen Verträgen keineswegs präjudicirt werden solle, indem der absolut gebietenden Bestimmungen nur wenige aufgenommen seien, die überdiess nur **allgemein anerkannte Rechtssätze** enthielten. Dessenungeachtet würden dieselben grossen Werth haben, da sie bei lückenhaften Statuten entsprechende Ergänzungen enthielten und für neue Anstalten geeignete Anhaltspunkte bei Festsetzung der Reglements darböten, und somit indirekt für die Einheit der Statuten wirken würden.

So viel über die Commissionsvershandlungen, welche schliesslich damit endigten, dass das — gemeine — Versicherungswesen jenem Antrage gemäss durch Mehrheitsbeschluss aus dem Handelsgesetzbuche weggelassen wurde.*)

Unter diesen Umständen konnte es auch in Deutschland, wie seiner Zeit in Frankreich gegenüber dem gleichen Schweigen des Code de commerce nicht fehlen, dass nun wenigstens die von dem Handelsgesetzbuche bei Behandlung der **Seeversicherung** getroffenen allgemeinen Bestimmungen, vielmehr die denselben zu Grund gelegten Rechtsanschauungen von den Gerichten zu einer gewissen analogen Anwendung gebracht wurden. Insofern ist daher auch für uns nun nothwendig, diesen Bestimmungen selbst näher zu treten, wenn wir auch die Seeversicherung an sich, wenigstens zur Zeit, nicht in den Kreis unserer Erörterung zu ziehen gewillt sind. Wir werden desshalb aber uns nur auf die Betrachtung der uns zunächst einflussreich scheinenden **allgemeinen Grundsätze** beschränken, und selbstverständlich hiebei von dem Handelsgesetzbuche und der in ihm festgestellten Bezifferung der Artikel ausgehen, wenn wir auch zeitweise absichtlich und mit Rücksicht auf den heute noch anzuerkennenden Werth des preussischen Entwurfs überhaupt und jener Grundsätze über das gemeine Versicherungswesen insbesondere — die ursprüngliche Gestalt der Bestimmungen nach dem preussischen Entwurfe mit den

*) Vgl. Lutz, Commentar z. d. bayr. Einf.-Ges. z. A. D. Handelsgesetz-Buch (Thl. II. Bd IV, 1. Heft der Gesetzgebung seit Max II. herausgegeben von Dollmann etc. etc. Erlangen 1862 S. 9 und S. 20.

Artikeln des Handelsgesetzbuchs in Vergleich und Zusammenstellung bringen werden. Voraus schicken wollen wir noch die Bemerkung, dass bei Abfassung des ganzen Titels XI „Von der Versicherung gegen die Gefahren der Seeschifffahrt" besonders das Hamburgische Recht als hauptsächliche Quelle benützt worden ist, wie ja die ganz besonders günstigen in Hamburg obwaltenden Verhältnisse schon der Grund war, warum die Commission mit dem Beginne des ganzen Seerechts ihre Sitzungen in Nürnberg vorläufig schloss, um die Berathungen über diese ganze Materie in Hamburg fortzusetzen.*) Jene Hamburgische Rechtsquelle war zunächst der „Revidirte Plan Hamburgischer Seeversicherungen" (am 1. Januar 1853 in Kraft getreten) und beziehungsweise die der neuen Redaktion zu Grunde gelegene alte „Hamburgische Assekuranz- und Havarie-Ordnung von 1731." Letztere war seiner Zeit auch bei Abfassung des Preussischen Allgemeinen Land-Rechts in gleicher Weise benützt worden.

Gehen wir nun endlich auf die einzelnen Gesetzbestimmungen selbst über, so ist eine der wichtigsten gleich die im ersten Art. (Art. **782**) enthaltene, da durch dieselbe der Gegenstand des Seeversicherungsvertrags definirt oder vielmehr charakterisirt wird. Der preussische Entwurf hatte den Artikel **) gefasst wie folgt:

„Jeder der an der glücklichen Vollendung einer Seereise ein in Geld schätzbares Interesse hat, kann dasselbe ganz oder theilweis gegen alle oder gegen einzelne Seegefahren versichern, sofern diese Gefahren nicht durch ein Verbotsgesetz herbeigeführt worden."

In der Sitzung ***) modificirte der preussische Vertreter (zugleich Referent), k. preuss. Geheimer Oberjustizrath Dr. Bischoff aus Berlin, die Fassung wie folgt:

„Jeder welcher ein in Geld schätzbares Interesse daran hat, dass ein Gegenstand die Seereise, deren Gefahren er ausgesetzt wird, bestehe, kann dasselbe ganz oder theilweise gegen alle oder einzelne Seegefahren versichern."

Es wurde jedoch bei der Berathung diese Fassung als zu eng bekämpft,†) denn es müsste nicht allein die Versicherung gegen die Gefahren, die mit einer Seereise verbunden seien, sondern auch die Versicherung gegen alle anderen Gefahren der See inbegriffen werden, gleichviel ob der Gegenstand sich auf der Reise (im engeren Sinn) befinde, oder nicht, wenn z. B. das Schiff im Hafen oder auf der Rhede liege. Es wurde daher vorgeschlagen zu sagen:

„Jedes in Geld schätzbare Interesse kann ganz oder theilweise gegen alle oder einzelne Seegefahren versichert werden."

---

*) S. oben S. 71.

**) im Entw. A. 603.

***) 347. Sitzung, Hamburg 30. Mai 1859, Protok. S. 2975.

†) S. 2976.

Bei der Abstimmung wurde dieser Antrag auch durch Mehrheit angenommen, jedoch einstimmig beschlossen noch hinzuzufügen, dass das Interesse sich auf eine Seegefahren ausgesetzte Sache beziehen müsse.

In solcher Weise entstund die jetzige Fassung im Handelsgesetzbuch, lautend:

„Jedes in Geld schätzbare Interesse, welches Jemand daran hat, dass Schiff oder Ladung die Gefahren der Seeschifffahrt bestehe, kann Gegenstand der Seeversicherung sein."

Was die materielle Bedeutung und Tragweite dieses Artikels betrifft, so geht aus der übrigen Berathung*) Folgendes hervor:

Es wollte ausgedrückt werden, dass das Interesse an der Erhaltung der betreffenden Sache, nicht etwa diese **Sache selbst** Gegenstand des Versicherungsvertrags sei, ferner, unter „Interesse" sei zu verstehen, dass durch den Untergang oder die Beschädigung des betreffenden Gegenstandes dem Versicherten ein Nachtheil zugehe, — also nicht ein Interesse, welches gerade umgekehrt darin bestünde, dass hierdurch ein **Vortheil** geschaffen würde, welchen der Versicherte ohne das Ereigniss nicht gehabt haben würde; mit anderen Worten das Interesse dürfe nicht erst durch den Assekuranzvertrag (Wettassekuranz) geschaffen werden. Nach der Gesammtintention wollten also Doppelversicherungen, Ueberversicherungen ebenso wie Wettversicherungen als ungültige Versicherungen bezeichnet werden.**)

Art. 790 lautet:

„Der volle Werth des versicherten Gegenstandes ist der Versicherungswerth.

Die Versicherungssumme kann den Versicherungswerth nicht übersteigen.

Soweit die Versicherungssumme den Versicherungswerth übersteigt (Ueberversicherung) hat die Versicherung keine Geltung."

Der an sich klare Grundsatz wird sodann in den folgenden Artikeln noch im Einzelnen durchgeführt. Wir heben hievon folgende Bestimmungen aus:

Art. 791.

„Uebersteigt im Fall einer gleichzeitigen Abschliessung verschiedener Versicherungsverträge der Gesammtbetrag der Versicherungssummen den Versicherungswerth, so haften alle Versicherer zusammen nur in Höhe des Versicherungswerths und zwar jeder einzelne für so viele Procente des Versicherungswerths als seine Versicherungssumme Prozente des Gesammtbetrags der Versicherungsumme bildet." ***)

Art. 792.

„Wird ein Gegenstand, welcher bereits zum vollen Werthe versichert ist,

*) Prot. S. 2976, 3132.

**) Prot. l. c. Koch l. c. S. 650 Anm. 3.

***) Conform mit dem preussischen Vorschlag. Prot. S. 2988 §. 12.

nochmals versichert, so hat die spätere Versicherung insoweit keine rechtliche Geltung, als der Gegenstand auf dieselbe Zeit und dieselbe Gefahr bereits versichert ist (Doppelversicherung).

Ist durch die frühere Versicherung nicht der volle Werth versichert, so gilt die spätere Versicherung, insoweit sie auf dieselbe Zeit und gegen dieselbe Gefahr genommen ist, nur für den noch nicht versicherten Theil des Werths."

Im Einzelnen ist über die Werthbestimmung des Versicherungswerthes für den Fall, dass die Contrahenten unter Einhaltung der vorerwähnten vom Gesetze zwingend gesteckten Gränzen nicht etwas anderes bestimmt haben, im Handelsgesetzbuch folgendes verordnet: Es solle als Versicherungswerth für das Schiff der Werth gelten, welchen das Schiff im Zeitpunkte hat, in welchem die Gefahr für den Versicherer zu laufen beginnt" (Art. 799); für die Fracht der Betrag der üblichen Fracht (Art. 801); für die Güter „der Werth, welchen die Güter am Orte und zur Zeit der Abladung haben unter Hinzurechnung aller Kosten bis an Bord einschliesslich der Versicherungskosten (Art. 803).

Es hatte mit diesen Grundsätzen schon der preussische Vorschlag übereingestimmt. *)

Im Allgemeinen sind die Gesetzesbestimmungen an sich klar. Nur was das Verhältniss der Verabredungen zu diesen gesetzlichen Normirungen betrifft, ist Folgendes zu bemerken. Innerhalb der schon vorhin erwähnten gesetzlich absoluten Maximalgränze nimmt das Gesetz selbst die Bestimmung des Werths durch Parteiwillkür in Aussicht und hat diese statuirte vorherige Vereinigung unter den Parteien den Zweck, der nachträglichen Ausmittlung des Werths nach Eintritt des Ereignisses überhoben zu sein und dadurch schon im Voraus eine feste Grundlage für die Schadensberechnung zu gewinnen. Dergleichen Verabredungen sind im Sinne der Commission keineswegs auf körperliche Sachen beschränkt, sondern sind auch bei unkörperlichen Sachen, wie z. B. bei Versicherung von imaginärem Gewinn zulässig. **)

Was die **Pflicht zur Wahrheit** und zwar zunächst bei Abschluss des Vertrags betrifft, so bestimmt Art. 810.

„Der Versicherungsnehmer ***) ist verpflichtet, bei dem Abschluss des

*) S. jedoch A. 612 des preussischen Entw. (Beilagen-Band I S. 380) vgl. mit dem preuss. Vorschlag (Prot. S. 2988) §. 17.

**) Prot. S. 3062 ff. Koch l. c. S. 659 Anm. 28.

***) Unter „Versicherungsnehmer" ist sowohl derjenige verstanden, welcher sein eigenes Interesse versichert, (Versicherter) als derjenige, welcher für fremde Rechnung versichert. S. Art. 785. Geht also einer eine Versicherung im eignen Namen ein, so ist er zugleich auch „Versicherter"; thut er es im Interesse eines Dritten, so ist er dem Versicherten gegenüber entweder Mandatar oder negotiorum gestor. Prot. S. 4236 vgl. mit S. 2984. Koch l. c. S. 651 Anm. 8.

Vertrags dem Versicherer alle ihm bekannten Umstände anzuzeigen, welche wegen ihrer Erheblichkeit für die Beurtheilung der von dem Versicherer zu tragenden Gefahr geeignet sind, auf den Entschluss des Letzteren, sich auf den Vertrag überhaupt oder unter denselben Bestimmungen einzulassen, Einfluss zu üben.

Wenn der Vertrag für den Versicherungsnehmer durch einen Vertreter desselben abgeschlossen wird, so sind auch die dem Vertreter bekannten Umstände anzuzeigen."

Art. 811.

„Im Falle der Versicherung für fremde Rechnung müssen dem Versicherer bei dem Abschluss des Vertrags auch diejenigen Umstände angezeigt werden, welche dem Versicherten selbst oder einem Zwischenbeauftragten bekannt sind.

Die Kenntniss des Versicherten oder eines Zwischenbeauftragten kommt jedoch nicht in Betracht, wenn der Umstand denselben so spät bekannt wird, dass sie den Versicherungsnehmer ohne Anwendung aussergewöhnlicher Maassregeln vor Abschluss des Vertrags nicht mehr davon benachrichtigen können.

Die Kenntniss des Versicherten kommt auch dann nicht in Betracht, wenn die Versicherung ohne Auftrag und ohne Wissen desselben genommen ist."

Art. 812.

„Wenn die in den beiden vorstehenden Artikeln bezeichnete Verpflichtung **nicht** erfüllt wird, so ist der Vertrag für den Versicherer unverbindlich.

Diese Vorschrift findet jedoch keine Anwendung, wenn der nicht angezeigte Umstand dem Versicherer bekannt war oder als ihm bekannt vorausgesetzt werden durfte."

Art. 813.

„Wird von dem Versicherungsnehmer bei dem Abschluss des Vertrags in Bezug auf einen erheblichen Umstand (Art. 810) eine unrichtige Anzeige gemacht, so ist der Vertrag für den Versicherer unverbindlich, es sei denn, dass diesem die Unrichtigkeit der Anzeige bekannt war.

Diese Bestimmung kommt zur Anwendung ohne Unterschied, ob die Anzeige wissentlich oder aus Irrthum, ob sie mit oder ohne Verschulden unrichtig gemacht ist."

Art. 814.

„Wird bei einer Versicherung mehrerer Gegenstände oder einer Gesammtheit von Gegenständen den Vorschriften der Art. 810—813 in Ansehung eines Umstandes zuwidergehandelt, welcher nur einen Theil der versicherten Gegenstände betrifft, so bleibt der Vertrag für den Versicherer in Ansehung des übrigen Theils verbindlich. Der Vertrag ist jedoch auch in Ansehung dieses Theils für den Versicherer unverbindlich, wenn erhellt, dass der Letztere denselben allein unter denselben Bestimmungen nicht versichert haben würde."

Art. 815.

„Dem Versicherer gebührt in den Fällen der Art. 810—814, selbst wenn er die gänzliche oder theilweise Unverbindlichkeit des Vertrags geltend macht, gleichwohl die volle Prämie.„

Was die Entstehungsgeschichte der vorstehenden Bestimmungen betrifft, so entstammen dieselben im Allgemeinen lediglich dem Preussischen Entwurfe. Ursprünglich war man bei der Feststellung des Preussischen Entwurfs entschlossen, dem Allg. Preuss. Landrechte (T. 8. §. 2024) folgend, beide vertragschliessenden Theile in gleicher Weise ganz allgemein zu besonderer Treue, Redlichkeit und Aufrichtigkeit zu verpflichten. Auch in der Commission wurde später noch einmal darauf zurückgegangen.*) Allein man kam davon in der Erwägung zurück, dass auf Seiten des Versicherers die einzige Gelegenheit nur in dem Falle gegeben sei, wenn er bei Eingehung des Vertrages bereits von der schon eingetretenen günstigen Wendung der Gefahr Kenntniss habe, und dass für diesen Fall ohnehin eine Spezialbestimmung (Art. 622 des Preuss. Entw., im Handelsgesetzbuch Art. 789 Abs. 3) getroffen werde. In der Commission**) wurde das Motiv dieser Beschränkung einlässlich erörtert. Es wurde insbesondere ausgeführt, weiter als in dem erwähnten Artikel könne man nicht gehen. Eine Anzeigepflicht des Versicherers in anderen Fällen würde mit der Auffassung des Verkehrs in Widerspruch gerathen. Dem Versicherer könne unmöglich zugemuthet werden, dem Versicherten alle diejenigen Umstände anzuzeigen, welche für die Beurtheilung der Grösse der Gefahr von Einfluss seien und deren Kenntniss er sich vielleicht nur durch eine besondere Umsicht und durch diejenige Achtsamkeit auf die für die Seeschifffahrt relevant erscheinenden Vorgänge, welche einem sorgtältigen Versicherer eigen sein müsse, sowie nicht ohne Aufwendung besonderer Geschäftsunkosten u. dgl. habe verschaffen können.

Er könne z. B. unmöglich verpflichtet sein, dem Versicherten mitzutheilen, dass nach einer ihm, dem Versicherer, zugegangenen Privatnachricht das Eis der nördlichen Meere sich unerwartet früh in Bewegung gesetzt habe. Würde man eine solche Anzeigepflicht statuiren, so würde diess nichts Anderes heissen, als dass der Versicherer den Versicherten möglichst genau über Alles, was der Erstere kraft seines besonderen Berufes und mit grossen Mühen und Kosten erfahren, zu instruiren und ihn somit darauf aufmerksam zu machen schuldig sei, — dass er die Versicherung anderswo wahrscheinlich zu einer billigeren Prämie erlangen könne. Eine solche Verpflichtung des Versicherers sei ebenso wenig denkbar als die Verpflichtung des Verkäufers, den Käufer auf alle etwaigen Fehler des Kaufobjektes und darauf aufmerksam zu machen, dass

*) Prot. S. 4294.
**) l. c.

er anderswo billiger kaufen könne.*) Es wurde daher schliesslich der reproducirte Antrag mit 6 gegen 3 Stimmen verworfen.**)

Auf solche Weise erklärt sich, dass die allgemeine Pflicht zur Wahrheit lediglich dem andern Vertragstheile aufgelegt erscheint. Dieser kann seine Pflicht verletzen theils durch Verschweigen, theils durch unrichtige Angaben. Hiebei wurde mit Bedacht nur von der Wissenschaft des Versicherungsnehmers ausgegangen, obwohl demselben häufig auch eine Erkundigungspflicht überbürdet zu werden pflegte, und zwar in dem Sinne, dass statuirt wurde, er hätte gewisse ihm unbekannt gebliebene Thatsachen wissen müssen, und er müsse für die Unterlassung gehöriger Erkundigung einstehen. Das Handelsgesetzbuch entschied sich dem gegenüber zu der milderen Auffassung. Die Wissenschaft des Versicherungsnehmer vorausgesetzt lässt es sodann keinen weiteren Unterschied zu und haftet also der Versicherungsnehmer für sein Verschweigen des Gewussten unbedingt, gleichviel ob er absichtlich oder nur aus Irrthum, selbst im Glauben, es sei die Angabe nicht erheblich also auch nicht nothwendig, die ihm bewusste Thatsache verschweigt.***) Ueber die Erheblichkeit freilich entscheidet in letzter Instanz lediglich das richterliche Ermessen. In der Commission war zwar der Antrag gestellt worden, eine Exemplifikation zu versuchen, es musste hiervon aber selbstverständlich Abstand genommen werden. †)

Was die Verpflichtung zur Wahrheit nach Abschluss des Geschäfts, mit andern Worten die Pflicht zur Anzeige der Veränderung betrifft, so sind die diessbezüglichen Bestimmungen vom Handelsgesetzbuche in den Abschnitt: Verpflichtung des Versicherten aus dem Versicherungsvertrage eingereiht worden. Der Preussische Entwurf hatte sie ebenso in den von ihm „Rechtsverhältniss aus dem Versicherungsvertrage“ betitelten Abschnitt aufgenommen ††) und die Bestimmungen gefasst wie folgt:

---

*) Prot. S. 4294 ff.

**) S. 4298.

***) Prot. S. 3145, 3150.

†) Prot. S. 3155. Koch l. c. S. 666 Anm. 2—3.

††) Es hat auch in der That die Wahrheitspflicht in Bezug auf die Veränderungen in gewisser Richtung eine andere juristische Bedeutung als sie in Bezug auf den Bestand bei Eingehung des Vertrags hatte. Bei Eingehung des Vertrags ist es zunächst die Gesellschaft, deren Interesse bei den Angaben des Versicherten in den Vordergrund tritt. Sie will sich durch genaue Kenntniss der Verhältnisse die Möglichkeit verschaffen, sich nicht zu einem sicher unvortheilhaften zu entschliessen. Bei der Anzeige späterer Veränderungen aber tritt das Interesse des Versicherten in den Vordergrund. Durch die Veränderung eines erheblichen Umstandes würde sein Vertrag erlöschen; durch die Anzeige der Veränderungen ist ihm die Möglichkeit gewährt, das frühere Vertragsverhältniss fortzusetzen, sei es ganz unter

Art. 624.

„Der Versicherte darf von den Bedingungen der Polize in keiner Weise abweichen, widrigenfalls die Versicherung erlischt, die Prämie aber verfallen ist.

„Die ohne Zuthun des Versicherten eintretenden Abweichungen sind ohne Einfluss auf die Verpflichtung des Versicherers."

Im folgenden Artikel wurden sodann nur ein Paar negative Beschränkungen der allgemeinen Bestimmung des Art. 624 Abs. 1 beigefügt, indem die Annahme eines andern Schiffers und die Umladung als keine solche Abweichungen erklärt waren.

In der 366. Sitzung übergab jedoch der preussische Bevollmächtigte Dr. Bischoff selbst eine Modifikation,*) wornach Art. 624 und 625 zu lauten haben sollten:

Art. 624.

„Der Versicherte muss die Erfüllung der auf die Beurtheilung der Gefahr sich beziehenden ausdrücklichen und stillschweigenden Zusagen bewirken.

„Wird eine solche Zusage nicht erfüllt, so haftet der Versicherer nicht für einen Unfall, welcher sich später ereignet.

„Die Verpflichtung des Versicherers bleibt jedoch unverändert:

1. wenn erhellt, dass die unterbliebene Erfüllung der Zusage auf den späteren Unfall keinen Einfluss habe üben können;
2. wenn die unterbliebene Erfüllung durch einen Nothfall nach Antritt der Reise verursacht ist."

Art. 625.

„Als Verletzung der stillschweigenden Zusagen wird angesehen jede Handlung oder Unterlassung des Versicherten, wodurch die Gefahr eine grössere oder eine andere wird, als der Versicherer bei dem Abschluss des Vertrags voraussetzen musste.

„Dahin gehören insbesondere:

1. wenn der Versicherte das Schiff in einem nicht seetüchtigen Zustande oder nicht gehörig ausgerüstet oder bemannt oder ohne die erforderlichen Papiere in die See sendet;
2. wenn der Versicherte die versicherten Güter in einem anderen als dem bezeichneten Schiffe versendet;
3. wenn der Versicherte die versicherte Reise verändert, den Antritt oder die Vollendung derselben verzögert, von dem üblichen Wege abweicht oder das Schiff einen anderen als den Bestimmungshafen anlaufen lässt, soferne er nicht das eine oder

---

denselben Bedingungen, sei es unter Erhöhung der Prämie. S. Cohn, der Versich.-Vertrag S. 73.

*) Prot. S. 3162, 3170.

andere bei dem Abschluss des Vertrags ausdrücklich oder stillschweigend sich vorbehalten hat."

Aus den wiederholten Commissionsverhandlungen*) ist hervorzuheben, dass ein (nicht genannter) Abgeordneter es für zweifelhaft erklärte, ob es sich empfehle, im Gesetze sich so prinzipiell auszudrücken, wie diess nun in der von Preussen vorgeschlagenen Modifikation geschehe, und ob es insbesondere angemessen sei hervorzuheben, dass ausdrückliche und stillschweigende Zusagen unterschieden werden müssten. Er stellte anheim, ob es nicht vielmehr vorgezogen werden solle, nur die konkreten Bestimmungen zu treffen. Dr. Bischoff machte hiegegen aufmerksam, der ursprüngliche Entwurf sei noch weit weniger konkret gefasst gewesen als die jetzige Modifikation. Die Beibehaltung der diesbezüglichen Bestimmung in der Fassung der Modifikation und namentlich die Hervorhebung der ausdrücklichen und stillschweigenden Zusagen sei hauptsächlich um desswillen wünschenswerth, damit die Aufmerksamkeit auf die stillschweigenden Zusagen gelenkt werde, welche praktisch von weit grösserer Wichtigkeit seien als die ausdrücklichen, zumal der Ausdruck „stillschweigende Zusagen" eine besondere technische Bedeutung habe; endlich eine Einigung über prinzipielle Sätze könne doch nicht umgangen werden, indem es unmöglich wäre, ohne prinzipielle Grundsätze die, nur denselben entsprechenden, konkreten Vorschriften zu ermitteln.**)

Im weiteren Verlaufe der Discussion wurde sodann gelegentlich auch die Anzeigepflicht bei Eingehung und die jetzt fragliche Pflicht nach Abschluss des Vertrags einander gegenüber gestellt und hervorgehoben, bei jener Anzeige handle es sich um Thatsachen und zwar solche, welche der Vergangenheit und Gegenwart angehörten,***) während hier Zusagen für die Zukunft in Frage seien. Zu den gewöhnlichen stillschweigenden Zusagen gehöre die Seetüchtigkeit des Schiffs.

In Art. 625 wurde die Streichung der Ziff. 2 beantragt, da man geltend machte, dass der Gegenstand des Versicherungsvertrags gänzlich verändert werde, wenn die versicherte Ladung in einem andern Schiff verladen würde, indem die Angabe des Schiffs ebensowohl ein Essentiale des Versicherungsvertrags sei, wie die Bezeichnung der Ladung selbst. — Von einem anderen Abgeordneten wurde sodann auch die Streichung der Ziff. 3 der Modifikation Art. 625 beantragt, denn ändere der Versicherte die bedungene Reise, so lasse er nicht etwa eine „Zusage" unerfüllt, sondern er ändere

*) Prot. S. 3157 bis 3199, 4307 bis 4323.

**) Prot. S. 3175. 3176.

***) Allerdings selbst Thatsachen, welche in der Zukunft lägen, könnten unter Umständen mit in die Anzeige aufzunehmen sein, z. B. wenn der zu Versichernde sich dafür entschieden hat und bestimmt voraus weiss, dass das Schiff gewisse Zwischenhäfen anlaufen werde. l. c. S. 3177 oben.

vollständig den Gegenstand des Vertrags. Dass ihm das Recht nicht zustehe, dies zu thun, so wenig als ihm das Recht zustehen würde, einseitig die für ein bestimmtes Schiff genommene Versicherung auf ein anderes zu übertragen, sei klar. Es verstehe sich also die Sache so sehr von selbst, dass es der ausdrücklichen Bestimmung der Ziff. 3 gar nicht bedürfe.

Beiden Streichunganträgen wurde entgegengetreten und insbesondere in letzterer Beziehung von Dr. Bischoff eine ausführliche Erörterung entgegengehalten. Es sei an sich durchaus nicht ausgeschlossen, dass man bei dem Schweigen des Gesetzes auf die Meinung verfalle, die Aenderung der Reise sei nicht verboten. Eine solche Annahme würde z. B. recht wohl in dem Falle möglich sein, wenn die neuerlich unter Aenderung des früheren Planes beschlossene Reise von der bei der Eingehung des Vertrags bezeichneten nur wenig abweiche und die Wege beider sich grösstentheils deckten. Man könne nämlich sehr wohl davon ausgehen, dass es sich bei der Versicherung der Reise hauptsächlich um die Gefahren der See **überhaupt** handle, dass der Inbegriff dieser Gefahren das entscheidende Moment sei, so dass, wenn diese Gefahren bei zwei Reisen wegen diessbezüglich gleicher Beschaffenheit der beiden Wege gleich seien, auf den Bestimmungshafen nichts ankomme.*) Solcher irrigen Auffassung müsse durch eine ausdrückliche Gesetzesvorschrift begegnet werden. Wenn die Form derselben, die Verbindung mit den „stillschweigenden Zusagen“ beanstandet werde, so könne man aus der Vorschrift einen besonderen Gesetzesartikel machen. Würde aber gegen den Inhalt angeführt, dass die Bestimmung unter Umständen zu Härten führe (vgl. das in der Anmerkung aufgeführte Beispiel), so müsse eben entgegnet werden, die Entscheidung müsse nun einmal allgemein getroffen werden, und diese so und nicht anders zu treffen, entspreche den Anforderungen der Gerechtigkeit. Dr. Bischoff formulirte hierauf die Fassung eines besonderen Artikels wie folgt:

„Verändert der Versicherte die versicherte Reise, so wird der Versicherer von der Haftung für die späteren Schäden frei.

„Die Reise wird verändert, wenn dieselbe nach einem anderen Bestimmungshafen gerichtet wird. Von dem Zeitpunkt an, wo der Versicherte den Entschluss nach einem anderen Bestimmungshafen zu reisen in Ausführung bringt, gilt die Reise als verändert, sollten auch die Wege sich theilweise decken**).“

Ein weiterer Gegenantrag gegen den preussischen Vorschlag betraf die Verzögerung der Reise. Um nämlich auszudrücken, was bisher schon

*) Beispiel: wenn ein Schiff für eine Fahrt aus dem schwarzen Meer in einen Hafen an der Westküste von Frankreich versichert wurde und es hat in Gibraltar ausklarirt. Vgl. Prot S. 3184 gegen mitten.

**) Die Verhandlungen über den Fall, dass die Aenderung der Reise durch einen Nothfall herbeigeführt wurde, haben wir wenigstens zur Zeit weglassen zu müssen geglaubt. Sie finden sich Prot. S. 3185 ff. 4319 ff., 4420 ff.

geltendes Recht gewesen sei, dass unerhebliche Verzögerungen gar nicht in Betracht gezogen werden, die erheblichen aber nur dann, wenn sie nicht durch genügende Gründe gerechtfertigt zu werden vermögen, wurde beantragt, vor dem Worte „verzögert" in Ziff. 3 das Wörtchen „ungebührlich" einzuschalten.

Endlich wurde zu den unmittelbar vorausgehenden Worten: „von dem üblichen Wege abweicht" von einem Abgeordneten der Zusatz beantragt: „ohne durch das Gebot der Menschlichkeit hiezu veranlasst zu sein." In seiner Motivirung führte derselbe an, es scheine ihm am Platze, ausdrücklich zu bestimmen, dass der Versicherer aus einer Deviation, die in der Absicht, Menschen aus dringender Lebensgefahr zu retten, vorgenommen worden, keinen Grund ableiten könne, um sich seiner Verbindlichkeit zu entziehen. — Was die Deviation (um diesen kürzeren Ausdruck auch unsererseits zu adoptiren) im Allgemeinen betrifft, wurde bei der Debatte über diesen Antrag darauf aufmerksam gemacht, es werde allgemein von der Ansicht ausgegangen, dass durch jede Veränderung des Weges, auch wenn damit eine „Veränderung der Reise" (s. soeben) nicht verbunden sei, zugleich die Gefahr eine andere werde und dass desshalb im Allgemeinen durch jede Deviation der Versicherer von seiner Verbindlichkeit befreit werde. In der vorgeschlagenen Gesetzesbestimmung seien übrigens keineswegs alle Fälle der Deviation genannt, da nur die Abweichung vom üblichen Wege (im engeren Sinne) und das „Anlaufen eines anderen Bestimmungshafens" (vgl. das Beispiel in der Anmerkung* S. 97) hervorgehoben worden seien. — Beigefügt wurde zur näheren Charakterisirung auch noch, dass von einem Wiederaufleben der Verpflichtung des Versicherers, wenn sie einmal durch Deviation aufgehoben sei, eine Rede nicht sein könne. — Was nun sodann den gestellten Antrag speziell betrifft, wurde in der Spezialdebatte bemerkt, dass darüber, dass im Allgemeinen die Schiffe auf hoher See aus Rücksichten der Menschlichkeit verpflichtet seien, der in Lebensgefahr befindlichen Mannschaft anderer nothleidenden Schiffe zu Hülfe zu eilen, keine Meinungsverschiedenheit obwalte. Nur darüber war man wie bei Entwerfung des preussischen Entwurfs so in der Commission verschiedener Ansicht, ob es einer ausdrücklichen Bestimmung bedürfe. Einige Abgeordnete hielten dafür, es bedürfe einer besonderen Bestimmung nicht, da es in Deutschland kein Versicherer wagen werde, in einem solchen Falle die Abweichung vom Curse zu beanstanden; andere hielten gleichwohl eine ausdrückliche Bestimmung für wünschenswerth.*)

Diess sind im Allgemeinen die Verhandlungen der Commission über die Hauptpunkte, auf Grund welcher durch eine Reihe von Abstimmungen der Beschluss dahin gefasst wurde, unter Umgangnahme von der Aufnahme des allgemeinen Prinzips selbst die fraglichen Gesetzesbestimmungen zu fassen wie folgt:

*) Prot. S. 3182 bis 3190.

Art. 817.

Wird statt der versicherten Reise, bevor die Gefahr für den Versicherer zu laufen begonnen hat, eine andere Reise angetreten, so ist der Versicherer bei der Versicherung von Schiff und Fracht von jeder Haftung frei, bei anderen Versicherungen trägt der Versicherer die Gefahr für die andere Reise nur dann, wenn die Veränderung der Reise weder von dem Versicherten noch im Auftrage oder mit Genehmigung desselben bewirkt ist.

Wird die versicherte Reise verändert, nachdem die Gefahr für den Versicherer zu laufen begonnen hat, so haftet der Versicherer nicht für die nach der Veränderung der Reise eintretenden Unfälle. Er haftet jedoch für diese Unfälle, wenn die Veränderung weder von dem Versicherten noch im Auftrage oder mit Genehmigung desselben bewirkt oder wenn sie durch einen Nothfall verursacht ist, es sei denn, dass der letztere in einer Gefahr sich gründet, welche der Versicherer nicht zu tragen hat.

Die Reise ist verändert, sobald der Entschluss, dieselbe nach einem anderen Bestimmungshafen zu richten, zur Ausführung gebracht wird, sollten auch die Wege nach beiden Bestimmungshäfen sich noch nicht geschieden haben. Diese Vorschrift gilt sowohl für die Fälle des ersten als für die Fälle des zweiten Absatzes dieses Artikels.

Art. 818.

Wenn von dem Versicherten oder im Auftrag oder mit Genehmigung desselben der Antritt oder die Vollendung der Reise ungebührlich verzögert, von dem der versicherten Reise entsprechenden Wege abgewichen oder ein Hafen angelaufen wird, dessen Angehung als in der versicherten Reise begriffen nicht erachtet werden kann, oder wenn der Versicherte in anderer Weise eine Vergrösserung oder Veränderung der Gefahr veranlasst, namentlich eine in dieser Beziehung ertheilte besondere Zusage nicht erfüllt, so haftet der Versicherer nicht für die später sich ereignenden Unfälle.

Diese Wirkung tritt jedoch nicht ein:

1. wenn erhellt, dass die Vergrösserung oder Veränderung der Gefahr keinen Einfluss auf den späteren Unfall hat üben können;
2. wenn die Vergrösserung oder Veränderung der Gefahr, nachdem die Gefahr für den Versicherer bereits zu laufen begonnen hat, durch einen Nothfall verursacht ist, es sei denn, dass der letztere in einer Gefahr sich gründet, welche der Versicherer nicht zu tragen hat;
3. wenn der Schiffer zu der Abweichung von dem Wege durch das Gebot der Menschlichkeit genöthigt ist.

Dieses sind die Hauptgrundsätze über Versicherungswesen, welches wir in dem Allgemeinen Deutschen Handelsgesetzbuche zunächst als die wichtigsten und allgemein von weittragendster Bedeutung erkannt haben.

Absichtlich haben wir dieselben mit der grössten Ausführlichkeit behandelt und insbesondere auch zum Theil den wörtlichen Abdruck ziemlich umfassender Entwurfs- und Gesetzesbestimmungen nicht gescheut. Wir glaubten nur durch ein möglichst in sich abgeschlossenes Bild und durch Beifügung der Commissionsverhandlungen (in der allein zugänglichen ohnehin leider geringen Ausdehnung) den vorgesetzten Zweck zu erreichen, — welcher kein anderer war, als einen Beitrag zu liefern, um in den Geist der bisherigen deutschen Gesammtgesetzgebung in Betreff des Versicherungswesens im Allgemeinen einzudringen.

VIII. Der Versicherungsvertrag nach Allgemeinen Rechtsprinzipien.

Von Ludwig Cohn, Gerichtsassessor in Breslau.*)

So eben ist zu Breslau im Verlage von Wilhelm Köbner eine Schrift mit dem zur Ueberschrift gewählten Titel erschienen, deren unbestreitbare und gegenüber beinahe allen früheren literarischen Erzeugnissen über das Versicherungswesen geradezu epochemachend scheinende Wichtigkeit uns zwingt, sie zum Gegenstand einer besonderen Erörterung zu machen. Wir glauben vor Allem unsern Standpunkt bei Beurtheilung der Schrift einbekennen zu sollen, und dann erst an das Referat und die Kritik zu gehen. Wie wir im Allgemeinen über die allein wünschenswerthe Behandlung dieser Materie sowohl als aller übrigen modernen Rechtsmaterien denken, haben wir schon früher ausgeführt und wir weisen darauf lediglich zurück.**) Obwohl wir nun dem Herrn Verfasser im Allgemeinen das Zeugniss auch nicht entfernt vorenthalten können, dass sein Standpunkt ein sehr freier ist, und dass er mit dem anerkennenswerthesten Muthe gegen Irrthümer und schiefe Ansichten auftritt, so ist uns hiebei eine Ausnahme entgegengetreten, welche uns nicht nur nicht gerechtfertigt sondern ganz im Gegentheile im höchsten Grade auffallend und mit dem ganzen übrigen Wesen des Herrn Verfassers, wenigstens insoweit uns dasselbe in der uns allein bekannten vorliegenden Schrift vor Augen tritt, im

---

*) Vgl. die Recension der Schrift in Nr. 15 des in Berlin erscheinenden „Vereinsblatts des Deutschen Versicherungswesens" vom 15. Sept. 1873 S. 509.

**) Erört. IV. S. 30 ff.

grellsten Widerspruch zu stehen scheint. Er kämpft nämlich (wie wir nochmals um so aufrichtiger anerkennen als es auch unsere eigene Art ist) mit aller freimüthigen Rücksichtslosigkeit gegen die bisherige Theorie nicht nur sondern auch gegen Inconsequenzen und Prinzipwidrigkeiten im Rechtsverkehre überhaupt, insbesondere auf Seite der Gesellschaften, in den Landesgesetzgebungen, in dem Deutschen Handelsgesetzbuche, kurz überall wo er sie eben findet. Am wenigsten lässt er sich von der gemeindeutschen Rechtswissenschaft irgend wie beirren, ja er schenkt ihr und ihren Vertretern so gut wie gar keine Beachtung. Wir wollen auch hiegegen uns nicht ereifern, wir haben es in Obigem durch die That einbekannt, dass auch uns aus dem Deutschen Gemeinen Rechte eine wesentliche Ausbeute nicht zu machen scheint. Allein inconsequent dürfte es dem gegenüber doch sein, wenn der Herr Verfasser ohne Angabe irgend welchen Grundes und genau denselben Fehler theilend, welchen wir u. a. als den des auch von ihm bekämpften Professor Endemann nachzuweisen gesucht haben, plötzlich eine einzige Ausnahme macht und zwar höchst merkwürdiger Weise ebenfalls zu Gunsten des f r e m d e n Bestandtheils unseres Rechts, des — R ö m i s c h e n R e c h t s, bezüglich dessen alle Welt einig ist, dass es für das Assekuranzwesen — g a r k e i n e, also noch viel weniger Ausbeute als das Gemeine Deutsche Recht liefert! Wir haben schon betont, dass auch wir die Grossartigkeit des Römischen Wesens im vollsten Maasse anerkennen und bewundern, dass wir insbesondere die Art und Weise der Römischen Rechts-Entwicklung auf dem Wege des Gewohnheitsrechtes, durch Prätorisches Edikt und Gerichtsübung in gleicher Weise hochhalten, wie die ähnliche Entwicklung des Englischen Rechts, und wir sind der Letzte, um uns durch deutschpatriotische Engherzigkeit auf einen Isolirschemmel hinauftreiben zu lassen. Wir werden in späteren Erörterungen selbst dem Leser Gelegenheit geben, sich zu überzeugen, (wie wir diess in einigen Beziehungen übrigens schon in diesem Hefte angedeutet zu haben glauben), dass wir die mehr oder weniger ausgezeichnete Entwicklung des einen oder andern Instituts oder des einen und andern durchschlagenden Satzes auch in den Gesetzgebungen und in der Jurisprudenz der ausserdeutschen Länder hervorheben und derselben die gebührende Stelle und Wirkung gegenüber der deutschen Rechtsentwicklung und anzubahnenden gesetzgeberischen Reformen anzuweisen suchen werden. Der s. g. allgemeine Theil des römischen Obligationenrechtes oder gelegentliche Bestimmungen innerhalb einzelner Obligationsarten sollen hiebei sachgemäss am wenigsten zu kurz kommen. Wir verkennen auch darin nicht die theilweise Musterhaftigkeit des Römischen Rechts und noch weniger den Geistesschatz, welcher durch die deutsche Wissenschaft an dieses wenn auch fremde Recht mit einer freilich gewissermassen zu beklagenden Vorliebe geknüpft worden ist. Allein dafür haben wir, offen gestanden, auch nicht das mindeste Verständniss, wie es möglich ist, dass noch heutzutage, besonders nach Erlassung des Deutschen Handelsgesetzbuchs, geschweige nach der Gründung der neuen deutschen Gesammtverfassung, auf Gebieten, welche so gut wie ganz und gar und von A bis Z auf dem neuen, vom Römischen Rechte bereits durch beinahe ein Jahrtausend getrennten modernen Boden stehen, unverhohlen und direkt an das Römische Recht angeknüpft werden kann. Es ist diese Erscheinung eine uns so horrend und monströs dünkende, dass wir wirklich unserer Seits ein Missverständniss für möglich erklären müssen, wenn wir hiemit diesen Vorwurf dem Herrn Verfasser in einem noch höheren Grade machen, als wir denselben Herrn Professor Endemann nachweisen zu können glaubten. Wegen dieser Möglichkeit unseres Missverständnisses und da wir wiederholt gerade diesen, Jahrhunderte lang zum Nachtheile aller einheimischen Rechtsentwicklung breit-, ja beinahe aus- getretenen, Weg für den allerverhängnissvollsten halten, welcher heute eingeschlagen oder eingehalten werden könnte, müssen wir uns nothgedrungen näher erklären.

So interessant in legislativ-politischer Beziehung die Fortbildung des Römischen Rechts durch das Prätorische Edikt auch sein mag (und wir selbst theilen die Ansicht), Eins ist gewiss: für die Sicherheit der deutschen Rechts-Anwendung in den Gerichten hatte die Unfertigkeit des Römischen Rechts, wie es zum Theil noch in dem Corpus juris erscheint, ebenso viel wenn nicht noch mehr Missliches als der Mangel an der altrömischen Genialität, welcher in einer überaus grossen Zahl kaiserlicher Constitutionen, abgesehen von der ungeheuerlichen Form, zu Tage getreten ist. Unter den ganz besonders ungünstig getroffenen Materien ist nun nach unserem Geschmacke gerade die Materie der G e w ä h r s c h a f t s l e i s t u n g. Mögen Andere in der Auswahl zwischen actio ordinaria der l. 4 pr. l. 11 §. 5, l. 13 pr. §. 1. 3 D. 21. 1. l. 6 §. 4 D. 19. 1, zwischen actio quanti minoris seu aestimatoria und actio redhibitoria einen unschätzbaren Segen erblicken, mögen sie in der römischen (oder dafür ausgegebenen) Beantwortung sämmtlicher einschlägigen Fragen für ein wahres Muster legislatorischer und jurisprudentieller (man verzeihe den Ausdruck) Weisheit sehen, — wir theilen den gleichen Geschmack nicht, streiten aber auch nach alter Regel nicht darüber. Allein der Herr Verfasser beschränkt sich n i c h t auf diese ihm freistehende theoretische Bewunderung, auch nicht darauf, im Vergleiche zu jenen Römischen Juristen die bei dem deutschen Handelsgesetzbuch betheiligt gewesenen Faktoren immerhin unendlich tief zu stellen, sondern er geht einen guten Schritt weiter und stellt die Sache als so gelagert dar, als ob bei Berathung des Deutschen Handelsgesetzbuchs das Römische Recht (statt etwa des Preussischen Entwurfs oder dgl.) nothwendig zu Grunde gelegt hätte werden sollen und müssen und zwar in der Weise, dass jeder der Regierungsbevollmächtigten, welcher wagte, sei es nun dispositiv oder interpretativ, von dieser „Quelle" abzuweichen, den ärgsten Schnitzer zu machen Gefahr lief; und dass er für jede dolose oder culpose Zuwiderhandlung eine ganz tüchtige Zurechtweisung noch heute verdiene. So und nicht anders (wir glauben in der That keine Uebertreibung uns zu Schulden kommen zu lassen) s c h e i n t für Herrn Verfasser das Verhältniss zu liegen. Es ist nun gar keine Frage, unter allen schwierigen Fragen des Assekuranzwesens ist eine der schwierigsten, wenn nicht d i e schwierigste d i e, wie die

Verpflichtung des Versicherungsnehmers zur Wahrheit, sowohl bei Abschluss als während des Bestandes des Geschäftes, aufzufassen und zu normiren sei, und wenn man sich in die Lage der Commission des Handelsgesetzbuchs zurückversetzt, muss man es auch heute noch anerkennen, dass sie bereits einen sehr anerkennenswerthen Anfang zur Klärung der Sache gemacht haben, wenn nun auch ex post an der Hand einer 12jährigen Erfahrung das Eine und Andere als eine nicht richtige Auffassung oder als eine von Inconsequenz u. dgl. nicht freizusprechende Bestimmung erklärt werden kann oder sogar nach übereinstimmender Ansicht erklärt werden muss. Ja es wird sogar jetzt kaum mehr im Allgemeinen ein Zweifel darüber bestehen, dass es trotz Allem besser gewesen wäre, wenn die Commission nicht blos die Seeversicherung, sondern nach Preussischem Vorschlag das ganze Versicherungswesen einstweilen so geordnet hätte, wie es nach den damaligen Erfahrungen möglich war. Was soll es nun aber heissen, wenn der Herr Verf. S. 57 mit Bezug auf die Bestimmungen des Art. 815 u. s. w. des H.-G.-B. behauptet: „Sie haben — in der **Gewährleistung** ihre **quellenmässige** Begründung" und wenn er sich von seinem „Standpunkte"*) aus sogar so weit versteigt, gleichsam als heute auch auf dem Gebiete des Seeversicherungsrechts noch geltendes Recht die — actio quanti minoris hinzustellen. Er sagt offenbar dieser höchst schätzenswerthen actio zu Liebe wörtlich: „Es wird wohl — keinem gegründeten Bedenken unterliegen, dass der Versicherer berechtigt wäre, anstatt der Aufhebung des Vertrages (Art. 815) die höhere Prämie zu erlangen. Damit wäre aber auch die Zulässigkeit der actio quanti minoris auszusprechen." Es war dem Herrn Verf. eigentlich vielleicht nur darum zu thun, seiner eigenen, (wir stehen nicht an anzuerkennen) sehr klaren Auffassung von der Anzeigepflicht des Versicherten einen präcisen Namen zu geben und vielleicht erklärt sich hiedurch, dass er bei der von ihm herausgefundenen frappanten Uebereinstimmung des einen und anderen Grundsatzes des Römischen Rechts über Gewährschaftsleistung die ganze Auffassung kurzweg für eine römischrechtlich „quellenmässige" gehalten hat, obwohl wir freilich auch dann wieder nicht wissen, was sich Herr Verf. unter „quellenmässig" eigentlich zu denken pflegt. Das Ganze war uns übrigens um so auffallender, als sich der Herr Verf. der Verschiedenheit der „Gewährleistung" bei dem Versicherungswesen einerseits und der römischrechtlichen Gewährleistung bei den (übrigen) onerosen Geschäften aufs Beste bewusst ist. So sagt er gelegentlich der Erörterung über die Anzeigepflicht bei Eingehung des Vertrags: „Freilich ist zu bedenken, dass bei allen übrigen lästigen Geschäften die Lehre von der Gewährleistung es mit einer Vermögens-Erweiterung zu thun hat, während bei der Versicherung eine Vermögens-Belastung in Frage kommt."**) Als noch zahlreicher erkennt er die Unterschiede an gelegentlich

*) S. 57 unten.

**) S. 48 unten.

seiner Erörterung über die Anzeigepflicht während bestehenden Geschäftes. Er sagt z. B. wieder wörtlich: „Die Abweichung von der Lehre der Gewährleistung besteht hier darin, dass es sonst auf die Eigenschaften einer Sache in einem bestimmten Moment, bei der Versicherung dagegen auf die Merkmale der Gefahr während einer ganzen Zeitperiode ankommt.“ *) Ferner: „Zu der beregten Anomalie tritt noch die weitere hinzu, dass die Gefahr sich nur **negativ** charakterisiren lässt; denn bei der Versicherung übernimmt der Versicherer die Gefahr nicht schlechthin, sondern die normale oder die vertragsmässig charakterisirte Gefahr. Was daher sonst bei der Gewährleistung stillschweigend vorausgesetzte oder besonders vorbedungene (positive) Eigenschaften sind, ist bei der Versicherung (negativ) der Ausschluss von ungewöhnlichen oder ausdrücklich nicht übernommenen Eintrittsmöglichkeiten der Gefahr.“ **)

Trotz aller dieser Verschiedenheiten also doch die römischrechtliche Gewährleistung?

Der Herr Verf. bejaht diese Frage so unbedingt, dass er an drei Stellen sich auf das Lebhafteste gegen die mit dem Römischen Rechte nicht harmonirende Annahme sämmtlicher Rechtslehrer der nachrömischen Zeit sowie der bei der Gesetzgebung insbesondere des Deutschen Handelsgesetzbuchs Betheiligten auslässt, dass das Institut des Versicherungswesens auf eine besondere Treue und Glauben basirt sei. So sagt er z. B.: „Die Anzeigepflicht wurde in der ältern Theorie damit gerechtfertigt, dass der Versicherungsvertrag uberrimae fidei sei.“ ***) In der Anmerkung citirte er hiezu nur § 2024 Tit. 8 Th. II Allg. Preuss. L. R. Er bezeichnet aber die ganze „Vorstellung“ als „inhaltlos, unrichtig und ganz überflüssig.“ Später einmal glaubt er einem der Autoren (Kübel) bezüglich der Pflicht zur Anzeige von späteren Veränderungen eine Inconsequenz nachgewiesen zu haben und fügt sodann bei: „Man war davon ausgegangen, dass der Versicherungsvertrag die uberrima fides erfordere, (hier citirt er Kübel in Malss Zeitschrift für Versich.-R. Bd. II S. 7—9) und hat sich schliesslich begnügt mit der — Punica fides.“ †) Auch in seinem überhaupt etwas sehr subjectiven Epiloge kommt er noch einmal darauf zurück und sagt mit aller Bestimmtheit: „Die Annahme einer besonderen bona fides hat sich haltbar nicht bewiesen.“ ††)

Trotz dieser sehr prinzipiellen Ausstellung an der Entwicklung des Herrn Verf., an welchem wir überdiess auch noch einen zeitweise schwerfälligen und uns wenigstens schwer verständlichen Stil auszusetzen haben, kehren wir nun

*) S. 70 oben.

**) S. 70 mitten.

***) S. 42.

†) S. 65

††) S. 75.

aber gleichwohl zu unserem eingangsniedergelegten dennoch höchst günstigen Urtheile zurück, weil wir glauben, dass im Resultate der wenn auch noch so eigenthümliche Gang der Argumentation höchst wichtige und wohl zu beherzigenswerthe Ergebnisse zu Tage gefördert hat, und dass dem Herrn Verf. wenn auch nicht wie er im Epiloge sagt „ein Zerstörungswerk von den eingreifendsten und segensreichsten Folgen“ so doch ein sehr wesentlicher Beitrag zur Klarstellung der so überaus schwierigen Fragen gelungen ist.

Wir wenden uns nun zu diesen Ergebnissen selbst. Eine allgemeine Aufstellung des Herrn Verf. wollen wir hiemit im Voraus constatiren. Derselbe dringt im Gegensatze zu unserer oben *) erörterten Ueberzeugung darauf, dass von einer Spezialbehandlung der einzelnen Versicherungsarten abgesehen werde, und für alle lediglich die gleiche Behandlung statt habe.**) Wir wissen bei der Allgemeinheit der diessbezüglichen gelegentlichen Aeusserungen nicht, wie sich der Verf. hiebei die Sache im Einzelnen denkt. Was uns betrifft, so fällt es uns natürlich auch nicht ein zu leugnen, dass für die ganze Materie des Versicherungswesens ein technisch sogenannter Allgemeiner Theil vor Allem angestrebt werden müsse, und wir verstehen darunter eine Zusammenstellung Allgemeiner Rechtsgrundsätze, welche bei allen einzelnen Versicherungsarten, auch die Seeversicherung und die Lebensversicherung nicht ausgeschlossen, gemeinsam zur Anwendung zu bringen sein werden. Aber dagegen haben wir uns verwahrt und verwahren uns aufs Neue, dass alle Spezialbestimmungen, welche bei einer Versicherungsart gelten, auch auf andere Versicherungsarten beliebig übertragen werden, und wir glauben, dass die vollste Unthunlichkeit solcher Uebertragung durch das von uns gewählte Beispiel einzelner im eminenten Sinne besonderen Rechtsgrundsätze, wie sie gewohnheitsrechtlich bezüglich der Lebensversicherung bestehen, veraugenscheinlicht wird. Wir leben wenigstens noch bis zur Stunde des Glaubens, dass jedenfalls, was die Lebensversicherung betrifft, jene Behauptung von Niemand aufrecht erhalten werden kann. So viel genügt aber vorläufig, um unsererseits den aufgestellten diessbezüglichen Satz für gerechtfertigt zu halten. Die weitere Entwicklung des Satzes muss vorbehalten bleiben, da sie dann erst möglich sein wird, wenn zuvor der Versuch gemacht ist, die einzelnen Versicherungsarten nach ihrem rechtlichen Wesen des Näheren darzustellen. Jede solche irgendwie erschöpfende Darstellung fehlt aber unseres Wissens zur Zeit noch vollständig.

Die erste Abhandlung des Herrn Verf. beschäftigt sich mit dem Gegenstand der Versicherung. Der Verf. begründet den Satz:

---

*) S. 37.

**) besonders S. 62.

„Gegenstand der Versicherung muss aller Vortheil sein, welchen Jemand haben würde, wenn er von der Gefahr verschont gewesen wäre, also das Interesse, und zwar, da dasselbe hier stets in Geld besteht, das Vermögensinteresse. Versicherbar ist daher das Interesse, welches Jemand daran hat, dass sein Vermögen von einer bestimmten Gefahr nicht betroffen wird."

Doppel- und Ueberversicherung sind daher schon begriffsgemäss ausgeschlossen.

Die zweite Abhandlung Von der Gefahr bei der Lebensversicherung glauben wir etwas näher betrachten zu müssen. Verf. sagt am Eingang: *)

„Folgen wir der gewöhnlichen Anschauung, so fallen unter die Lebensversicherung: die Versicherungen auf den Todesfall, die auf den Lebensfall, die gegen vorübergehende und bleibende Erwerbsunfähigkeit, die gegen aussergewöhnliche, die Integrität einer Person bedrohende Gefahren u. dgl. m. Als Gefahr wird dabei bezeichnet: der Eintritt des Todes schlechthin, der zu früh oder zu spät eintretende Tod, die gänzliche oder theilweise Zerstörung seiner erwerbenden Thätigkeit u. dgl. m. etc. etc. **) „Das ist (so fügt Verf. wörtlich selbst bei) das bunte (noch dazu nur mit den gröbsten Umrissen skizzirte) Bild, in dem sich die Lebensversicherung auf den ersten Blick präsentirt, so dass wenn irgendwo, so hier das Bedürfniss nach Klarheit und Wahrheit zur Sonde der Kritik drängt."

Der erste Satz, zu welchem sodann Verf. durch seine Kritik kommt lautet:

Bei der Lebensversicherung auf den Todesfall besteht die Gefahr in der Vernichtung menschlicher Erwerbsfähigkeit durch vorzeitigen Tod. (Versicherung gegen die Nachtheile des natürlichen oder unnatürlichen Todes im Sinne statistischer Vorzeitigkeit.) ***)

Ob die Versicherungen gegen Unfälle, welche die Erwerbsfähigkeit nicht zerstören sondern nur schwächen, hierher zu ziehen sei, lässt Verf. dahingestellt. †)

Nur kurz können wir zur Zeit die dritte Abhandlung Von der Person des Versicherten berühren.

---

*) S. 11.

**) S. 12.

***) S. 15.

†) S. 16. Bezüglich der Ausführungen des Verf. über den Leibrentenvertrag und der Aussteuerversicherung, sowie über Versicherungen auf Leibrenten, Wittwengehalte, Pensionen u. s. w. verweisen wir auf die Broschüre (S. 17 ff.) selbst.

Als Hauptsatz wird aufgestellt:

„Versichert kann nur Derjenige sein, dessen Vermögen von einer Gefahr bedroht und durch den wirklichen Eintritt der Gefahr benachtheiligt wird.“ *)

Demgemäss weist Verf. die Versicherung eines chirographarischen Gläubigers auf ein Vermögensobjekt seines Schuldners ab, da es sich hier nur um eine indirekte Gefahr, nämlich um die Insufficienz des schuldenerischen Vermögens, beziehungsweise um die Exigibilität der Schuldforderung in der Executionsinstanz handle. — Dass Wettassekuranzen nicht zu dulden seien, ist ein bisher einstimmig angenommener Satz, mit welchem auch Verf. sich durchaus einverstanden erklärt. **) Verf. stellt ferner den bisher controvertirten Satz mit wohl motivirter Entschiedenheit auf: die Versicherung auf das Leben eines Dritten sei unzulässig, gleichviel ob sie auf Grund eines moralischen, verwandtschaftlichen oder selbst ökonomischen Interesses gesucht werde. Gültig werde diese Versicherung jedoch, wenn der Consens des Versicherten hinzukomme. Denn durch seinen Consens wird diese Versicherung eine — zulässige — Versicherung des eigenen Lebens zu Gunsten eines Dritten. ***)

Besonders anziehend, durch Beispiele veranschaulicht und überzeugend scheint uns die vierte Abhandlung: Die Leistung des Interesses geschrieben zu sein. †)

Der streng logisch entwickelte Satz lautet: ††)

„Nach eingetretenem Unglücksfall haftet der Versicherer dem Versicherten für das versicherte Interesse.“

„Er hat (so führt Verf. weiter aus) die Nachtheile auszugleichen, welche in der Vermögenslage des Versicherten durch den Eintritt der Gefahr entstanden sind. Er hat mit andern Worten das zu leisten, wieviel dem Versicherten in vermögensrechtlicher Beziehung daran gelegen war, dass der bestimmte Unfall nicht geschehen wäre.“

Schon über diesen Cardinalsatz ist zusammenhängend mit der weiteren Streitfrage, was denn eigentlich überhaupt Versicherungsgegenstand sei, sowohl in Theorie als Gerichtspraxis endloser Streit.

Noch grössere Verwirrung wurde durch die Gepflogenheit der Versicherungsgesellschaften hervorgerufen, bei der Eingehung des Vertrags besonders bei der Mobiliarfeuerversicherung von dem zu Versichernden

*) S. 22.

**) S. 23.

***) S. 27.

†) S. 28 bis 42.

††) S. 33.

die Angabe eines Werthanschlags oder eine Taxe zu verlangen. Wir betreten hiemit das von Seiten der Versicherungsgesellschaften allerdings zum Theil in eigennützigster Weise ausgebeutete Gebiet der in juristischen Kreisen so genannten und berüchtigten „Selbstversicherung.“*) Was ist Rechtens, beziehungsweise welche Quotenberechnung hat einzutreten, wenn die Werthsangabe zu niedrig war? oder wenn die Werthsangabe zu hoch war und etwa mittlerweile auch noch ein Sinken des Werthes der Sache eingetreten ist? Wie gestalten sich die einzelnen Fälle, im Falle nicht ein Total- sondern nur ein Partialverlust eingetreten? Welche — bewusste — Wahrheitswidrigkeit hat die strenge anspruchzerstörende Folge? etwa gar die Ueberforderung, welche man sich erst bei der Klagestellung zu Schulden kommen lässt? Die Erörterung dieser Fragen, — deren letzte Verf. — mit uns — unbedingt verneint, findet sich S. 36 ff.

Nachdem der Verf. bezüglich der einen und anderen aller verschiedenfältigen diessbezüglichen Fragen auf die an sich unter allen Umständen höchst zweifelhafte Natur und auf das theilweise höchst schwierige Dilemma hingewiesen hat, in welchem sich die Gesetzgebung überhaupt befindet, führt er ein Paar Beispiele an, wie die Commission des Handelsgesetzbuchs sich das eine Mal für den Versicherer, das andere Mal für den Versicherten entscheiden zu müssen geglaubt hat.**)

---

*) Das „Vereinsblatt“ (Redaction von Dr. A. Mayer in Berlin) berichtigt in der eingangscitirten Recension (S. 512) die Angabe des Verf., als ob die Versicherungsgesellschaften die Erfinder der Selbstversicherung seien, dahin, dass die Erfindung dem Staate zu verdanken sei. Im Gebiete der Staatsanstalten kam der Grundsatz auf, „welcher freilich mit den Cohn'schen wenig harmonirt, dass der Feuerversicherte nicht allein keinen Vortheil, sondern geradezu Schaden von dem Unglücksfall haben solle, um ihm jede Lust zur Brandstiftung zu benehmen. Um diesen Zweck zu erreichen, übernahm man auf Grund einer Taxe die Gefahr nur antheilsweise und zwang gleichzeitig die Actiengesellschaften bei Immobiliarversicherungen nach denselben Grundsätzen zu verfahren. Später ist man meist von dieser Methode abgewichen, wo dieselbe aber noch herrscht, da besteht auch für die Actiengesellschaften noch derselbe Zwang.“

**) Wie es bei der annoch gegebenen Beschaffenheit der Lehre des ganzen Versicherungswesens wohl erklärlich ist, ist auch Cohn nicht von aller Voreingenommenheit freizusprechen, und zwar gilt auch bei ihm, wie auch an einer anderen sehr massgebenden Stelle und hier leider in einem noch viel höheren Grade, das Axiom: „In dubio — contra societates!“ Auch in dem Excurse über die vorstehenden Fragen fehlt es in dem Schriftchen nicht an Vorwürfen gegen die Gesellschaften. Das „Vereinsblatt“ hat darauf bereits in sehr sachgemässer und zutreffender Weise geantwortet und wir glauben diese Erwiderung hier wiedergeben zu sollen. Es wird an die in der vorigen Anmerkung abgedruckte Stelle anknüpfend fortgefahren wie folgt:

„Wo dieser Zwang nicht bestand und besteht, verlangten die Actiengesellschaften nur ausnahmsweise, nämlich bei Gegenständen, deren Feuergefährlichkeit eine besondere Vorsicht des Versicherten erheischt, die Selbstversicherung. Ebenso ist es eine durchwegs unrichtige Behauptung, dass die Actiengesell-

Eine in das Prozessrecht einschlagende spezielle Frage glauben wir am Schlusse dieses Capitels der Broschüre ausheben zu sollen. Cohn erzählt nämich, wie die Gesellschaften versucht hätten, die frühere Auffassung, als ob nur der Werth der Sache und zwar in einem gewissen Zeitpunkt versichert gewesen sei, dahin auszubeuten, dass sie jeder Klage, in welcher sich irgend welche Ueberforderung fand, mit der Einrede der den Anspruch zerstörenden

---

schaften regelmässig einen Werthanschlag, eine Taxe verlangen. Bei der Transport- und Hagelversicherung geschieht es niemals, bei der Mobiliarversicherung selten, und nur bei der Immobiliarversicherung häufig und zwar aus obigen Gründen. Hiernach beruht ferner die Cohn'sche Auffassung von der Bedeutung der Taxe auf völligem Irrthum; sie wird nicht erfordert, um, wie Cohn annimmt, die Leistungsfähigkeit des Versicherers festzustellen, sondern nur um Polizeivorschriften zu genügen. Dass hiermit auch der von ihm aufgestellte Satz:

Maximalnachtheile : Maximaläquivalent = der in concreto ermittelte Schaden : x

allen Boden verliert, bedarf keiner Ausführung, da die Policen ausdrücklich das Gegentheil bestimmen. Das Gebiet der eigentlichen Selbstversicherung wofern sie nicht in Folge polizeilicher Vorschriften eintritt, beschränkt sich auf den Bereich der Verträge. Ob man diese Art der Versicherung eine gemeingefährliche nennen darf, wollen wir dem Scharfsinn Anderer überlassen. Cohn zieht aber in dieses Gebiet auch diejenigen Fälle hinein, wo weder Zwang noch erklärter Wille der Contrahenten eine Selbstversicherung intendiren, die man aber im gewönlichen Leben als Selbstversicherung zu bezeichnen pflegt, weil sie in mancher Beziehung ein ähnliches Resultat ergeben, nämlich wenn der Versicherte den Werth der Sache geringer angibt oder der Werth im Laufe der Versicherung steigt, ohne dass eine Nachversicherung stattfindet. Dass in diesen Fällen, und zwar im ersten Falle beim Totalverlust die ganze Versicherungssumme, in den übrigen Fällen aber beim Totalverlust wie beim Theilverlust nur in dem Verhältniss des vorhandenen Werths der Versicherungssumme entschädigt wird, ergibt ein einfaches Rechenexempel, wenn man die klaren Bestimmungen der Statuten berücksichtigt, und man muss diese klaren Bestimmungen verläugnen, und von einer blinden Voreingenommenheit gegen die Actiengesellschaften befangen sein, wenn man in diesem Verfahren, das auf einer einfachen Abwägung von Leistung und Gegenleistung beruht, einen Spott beziehungsweise eine dolose Benachtheiligung der Versicherten finden will. So wenig daher einzusehen ist, wie das Publikum sich in dieser Beziehung über „schwer wiegende materielle Rechtsverletzungen" zu beklagen Anlass haben soll (S. 76), so wenig ist abzusehen, wie hier Abhülfe von der Gesetzgebung zu schaffen sein soll. Der Versicherer mag nicht bloss aus unredlichen Gründen den Werth der Sache geringer angeben oder die Nachversicherung unterlassen. Wollte nun der Gesetzgeber den Versicherer zwingen, in diesen Fällen stets den ganzen Verlust zu ersetzen, so würde er nicht allein den Betrug sanctioniren sondern auch den Grundsatz verletzen, dass die Gegenleistung nach der Leistung (d. h. hier nach der Prämie) zu bemessen ist. Charakteristisch übrigens ist, dass auch Cohn der erste ist, welcher hierin Verletzungen des Publikums, dem sie selbst entgangen sein sollen, entdeckt hat."

Wahrheitswidrigkeit begegneten; sie hätten nun aber umgekehrt sich auch die nachtheilige Kehrseite eben dieses Satzes, (dass nur der Werth der Sache versichert werde,) gefallen lassen müssen. Da nämlich für den Fortbestand eines Zustandes die Rechtsvermuthung spricht und sowohl Sache als Werth durch die Polize als existent nachgewiesen wird, so hätte die Gesellschaften der Beweis dafür getroffen, dass später eine Aenderung und welche eingetreten sei. Da hätten aber die Gesellschaften in den Statuten nachzuhelfen gesucht, um für das Unverändertbleiben dem Versicherten eine neue Beweislast aufzubürden. — Uns selbst sind solche Statuten zur Zeit nicht bekannt, allein wir müssen unter allen Umständen denn doch bezweifeln, ob, ihr Vorhandensein vorausgesetzt, der Zweck je einmal wirklich erreicht worden sei, da Processregeln im öffentlichen Interesse gegeben sind, und sonach der Privatwillkür keine Macht beigemessen werden kann, diese Regeln abzuändern.

Die wichtigsten Abhandlungen sind die vorletzte (V) und letzte (VI), welche wir trotz der Gegenanschauung des Verf. als im gewissen Sinne immerhin untrennbare Gegenstände behandelnd zusammennehmen. Es betrifft die Anzeigepflicht bei Eingehung des Vertrags und die Anzeigepflicht bei Veränderungen im Laufe der Versicherung.

Auch können wir uns mit dem Verf. nicht einverstanden erklären, wenn er in diesen Beziehungen gar so grosse Schwierigkeiten oder Verirrungen der Theorie oder Gerichtspraxis gegeben annimmt. Ja, er möge uns die Vermuthung gestatten, dass hiebei der Vergleich mit dem, und die Subsumption unter das Römische Recht viel schwieriger als das Thema selbst sein dürfte.

Dass der Dolus des Versicherers eine anspruchszerstörende Wirkung habe, darüber streitet Niemand, auch Verf. nicht.

Im Uebrigen und abgesehen also von einer absichtlichen Täuschung des Versicherers scheidet Cohn mit anzuerkennender Schärfe

1. den Fall, wo die Gefahr durch „Anomalien," d. h. durch Abweichungen von der gewöhnlichen Beschaffenheit herbeigeführt worden ist, und wo bei Eingehung des Vertrags hierüber vom Versicherten Schweigen beobachtet worden ist;
2. den Fall wo im Vertrage gewisse Eigenschaften und Vorzüge ausdrücklich zugesichert worden sind. („Dicta promissave.")

Wir betrachten den zweiten Fall voraus. Hier ist vor Allem das Institut der Fragebogen zu erwähnen, welche den Gesellschaften zu dem Zwecke dienen, um sich durch deren Beantwortung die ebenbezeichnete „dicta promissave" versichern zu lassen. Abgesehen hievon aber darf man dem Institute eine erhebliche, besonders rechtliche Wirkung nicht zuschreiben. Insbesondere ist auch Cohn damit einverstanden, dass sich mit der Beantwortung des Fragebogens die allgemeine Anzeigepflicht des Versicherungsnehmers keineswegs erschöpft und dass Letzterer später nicht mit der Einrede zn hören ist, er sei über den oder jenen wesentlichen Gegenstand nicht gefragt worden.*)

Dass der Versicherungsnehmer für die Wahrheit seiner „Dicta Promissave“ haftet, ist nicht streitig; ebenso wenig, dass ein billiges Ermessen in Zweifelsfragen zu entscheiden hat.

Was aber nun den ersten Fall betrifft, so haftet der Versicherungsnehmer für sein Verschweigen:

a. wenn der Fehler ein erheblicher ist. Ueber die Erheblichkeit oder Nichterheblichkeit entscheidet das vernünftige Ermessen;**)
b. wenn der Fehler ein verborgener ist. Es schadet nicht, wenn ihn der Versicherer bei gehöriger Vorsicht hätte bemerken müssen (?); ***)
c. wenn der Fehler zur Zeit der Perfection des Vertrags (also gemäss der Bestimmungen fast aller Gesellschafts-Statuten oder vielmehr inhaltlich der hiernach abgeschlossenen und formulirten Verträge bei der die Perfection begründenden [ersten] Prämienzahlung) bereits vorhanden war.

Auch darüber, dass Verschweigen den Anspruch des Versicherungsnehmers zerstört, ist kein Streit.

Was endlich die Pflicht zur Anzeige der Veränderungen betrifft, so ist sie nach unserer Ansicht lediglich als eine Fortsetzung der vorhin bei dem Vertragsabschlusse behandelten Pflicht aufzufassen. Die Ergebnisse selbst, zu welchen Cohn gekommen ist, hindern daran unseres Erachtens nicht im Mindesten.

Ganz richtig macht derselbe selbst aufmerksam, dass die Angabe von den wesentlichen Momenten bei dem Vertragsabschluss nur scheinbar sich auf die gegenwärtige Zeit des Vertragsabschlusses beschränkten. Es sind vielmehr diese ausdrücklichen Angaben des Versicherungsnehmers bestimmt, „die Kennzeichnung der Gefahr für die Zukunft zu bilden.“ Wenn Jemand (so führt Cohn den Satz aus) bei dem Vertragsabschluss erklärt, dass sein Haus mit Ziegeln gedeckt sei, so hat das nicht die Bedeutung, nur den momentanen Zustand zu schildern, sondern die Gefahr für den ganzen Lauf der Versicherung zu charakterisiren.†)

Unser Verf. präcisirt den Satz hiernach:

„Während des ganzen Laufs der Versicherung hat der Versicherte dafür zu haften, dass die bei Eingehung des Vertrags stillschweigend††)

*) S. 55.
**) S. 51.
***) S. 52.
†) S. 69.
††) d. h. durch Verschweigen von anomalen Zuständen.

oder ausdrücklich ausgeschlossenen Eintrittsmöglichkeiten der Gefahr (fortwährend in continuo) ausgeschlossen **bleiben.**"

Auch über die anspruchzerstörenden Folgen dieser Pflicht des Versicherungsnehmers besteht kein Streit, ebenso wenig darüber, dass auch hier das billige Ermessen des Richters einzutreten hat. Als ein Beispiel hiefür fügt Cohn an, dass die Folgen dann nicht zu verhängen sein werden, wenn die seiner Zeit von einer nicht angezeigten Veränderung gedroht habende Gefahr ohne jede Nachwirkung vorübergegangen ist, z. B. wenn ein Lebensversicherter eine nicht angezeigte Luftreise unternommen, aber die Erde wieder heil und unversehrt erreicht hatte.

Verf. schliesst seine treffliche Arbeit mit folgendem von uns durchaus getheilten Gedanken:

„Ueberall hat sich auf dem Gebiete des Versicherungswesens ein fauler und ungesunder Zustand gezeigt, dessen Beseitigung im Wege der Reichsgesetzgebung dringend geboten erscheint. Denn der Staat kann nicht dulden, dass ein noch so mächtiges Kapital oder ein thatsächliches Monopol rücksichtslos seine Interessen auf Kosten des Gemeinwohls ausbeute. Schon hat er die Eisenbahnen in ihren willkürlichen Dispositionen eingeschränkt, mit der sie sich sonst ihrer Haftpflicht zu entziehen versuchen könnten. Auf diesem Wege wird fortzuschreiten sein, ohne dass dadurch der rationelle Betrieb der Gesellschaften eine Störung erleiden darf; denn wir haben es mit an sich segensreichen Einrichtungen zu thun. Es muss daher hier die Grenze gezogen werden zwischen dem, was das gemeine Beste, und dem, was die Existenz der Versicherungsinstitute erheischt. Wenn es auch schwierig sein mag, sie zu finden, so wird doch dieses Ziel nicht vergeblich angestrengt werden. Es sind das die Ansprüche, welche das deutsche Volk bei der bevorstehenden Kodifikation an den Gesetzgeber zu erheben berufen ist."

Berichtigung zum ersten Hefte.

S. 29, Zeile 19 von oben muss es heissen
statt Rechtsmittel der Revision — Rechtsmittel der Oberrevision.

S. 29 ist zwischen Zeile 4 und 5 von unten einzuschalten:

Die Oberrevision (um welche es sich in Beziehung auf den obersten Reichsgerichtshof allein handelt) ist im Allgemeinen ganz nach den Grundsätzen der Revision behandelt. (Die Revision geht nur „an das vorgeordnete Gericht", das s. g. Revisionsgericht. *)

Die Oberrevision findet statt gegen die in der Revisionsinstanz erlassenen Endurtheile, soweit durch dieselben ein Urtheil erster Instanz aufgehoben oder die Revision als unzulässig verworfen ist.

Die Oberrevision kann auf eine Verletzung des Gesetzes nur dann gestützt werden, wenn entweder ein Reichsgesetz oder eine Rechtsnorm, deren Geltungsbereich sich über den Bezirk des Revisionsgerichts hinaus erstreckt, nicht oder nicht richtig angewendet ist.

S. 30, Zeile 2 von oben muss es heissen:
Entscheidung der Ober-Revision.

---

*) Begründung S. 401, §§ 478, 49 des Entwurfs. In der Begründung S. 401 wird diesbezüglich gesagt: die Revision des Entwurfs ist eine neue Rechtsbildung und in ihrer allgemeinen Tendenz durch die §§ 13 und 14 der allgemeinen Begründung (S. 46 ffg. besonders S. 49 und 50) gekennzeichnet als ein wie die Berufung freigestaltetes, jedoch der Regel nach auf die rechtliche Würdigung des Rechtsstreites beschränktes Rechtsmittel.

www.ingramcontent.com/pod-product-compliance
Lightning Source LLC
LaVergne TN
LVHW081340011026
849161LV00013BB/2963